보혈의 능력

정신, 영혼, 육체를 치유하는 예수 그리스도의 보혈

Originally published in the U.S.A
Under the title
The Power of the Blood
Copyright ⓒ 2009 by Whitaker House,
30 Hunt Valley Circle, New Kensington, Pennsylvania 15068, USA

Korean Translation copyright ⓒ 2013 by Grace Publishing Company
178-94 Sungin-dong Jonglo-gu Seoul, Korea

이 책의 한국어판 저작권은 Whitaker House 와의
독점판권 계약에 의해 은혜출판사에 있습니다.
저작권법에 의하여 한국 내에서 보호받는 저작물이므로
무단전재와 무단복제를 금합니다.

보혈의 능력

메어리 K. 백스터 지음 | 김유진 옮김

타락한 우리를 구원하시기 위하여

보혈을 흘리신 하나님의 존귀한 어린 양께

진심으로 이 책을 봉헌합니다.

보혈이 없었다면, 우리는 영원히 사망 가운데

있었을 것입니다.

메어리 K. 백스터

| 메어리 백스터의 사역 |

메어리 백스터는 우리 모두가 꼭 공유해야 할 신비로운 영적 증거를 가지고 있다. 하나님은 진실로 메어리를 예수 그리스도를 위한 영적 리더로 사용하시고 계신다.

엘드리드 토마스
(KLTJ-TV, Houston 대표)

이 책은 내가 읽은 책 가운데 가장 강력한 증거를 제시하는 책이다. 메어리의 저서 '정말 지옥은 있습니다'는 독자들로 하여금 그들이 마치 예수님과 함께 지옥을 체험하는 듯 생생하다. 나는 그녀가 저술한 책들이 예수님과 함께 영원히 동행하기를 원하는 기독교인들에게 큰 도움이 되기를 바란다. 또한, 아직도 예수님을 모르는 사람들에게는 예수님을 영접하지 못할 때 무엇이 기다리고 있는가를 보여 주었으면 한다.

러셀 빅슬러
(Cornerstone TV, Wall 설립자)

메어리 백스터의 저서는 세계적으로 많은 사람들에게 큰 영향을 미치고 있다. 그녀를 만나는 사람들마다 하나님의 능력이 그녀의 삶을 지배하고 있다는 것을 체험하였으며, 그녀가 받은 '계시'가 하나님께로부터 온 것임을 인정한다.

갭바드
(Wynne, Arkansas 목사)

우리 교회는 메어리 백스터의 사역으로 축복을 받았다. 수많은 사람들이 구원받고 성령으로 충만해 있으며, 많은 사람이 치유와 자유함을 얻었다.

윈포드 월터스
(Elyria, Ohio 목사)

메어리 백스터는 우리 교회 모든 가족들에게 큰 축복이다. 많은 사람들이 그녀의 능력 있는 설교를 통하여 구원을 얻었으며, 타락한 자들이 회개하고 하나님께 돌아왔다. 그녀가 기록한 체험들은 수많은 불신자들의 삶을 변화시켰으며, 신자들에게는 천국과 지옥에 대한 강한 믿음을 갖게한다.

야손 알바르제
(Orange, NJ 목사)

메어리 백스터는 여러 번 우리 교회에서 설교하였으며 많은 사람들이 구원받고 치유를 경험했다. 그녀의 사역은 많은 사람들이 하나님의 왕국 안에서 살도록 감화를 주었다.

그래디스 보그스
(목회자 사모, Houston)

| 서 문 |

메어리 놀레스는 보스웰의 'Life of Johnson'에 있는 말을 인용하였다. 이 책에서 존슨은 "책의 핵심 내용을 이해하니, 바로 내 가슴이 찢어지는 듯 했다."라고 말했다.

이 한 줄이 바로 백스터와 내가 책을 쓰며 원하는 것이다. 그동안 '정말 천국은 있습니다', '정말 지옥은 있습니다', '영적 세계의 비밀', '정말 천사는 있습니다' 등의 책을 출판하면서, 우리가 간절히 바라는 것은 독자들이 책의 핵심 내용을 올바르게 이해할 때 그들의 못난 자아가 찢겨지고 변화되는 것이다.

메어리 백스터는 선택받은 하나님의 종으로 하나님께 특별계시와 환상의 영역에서 특별한 은사와 축복을 받았다. 그녀는 진리를 선포하도록 기름 부음 받았으며 담대하게 책을 쓰는 목회자로 은사를 받았다. 천국과 지옥에 대한 그녀의 체험부터 천사에 대한 특별한 책까지 그녀의 저서들은 우리들의 마음을 완전히 사로잡았다. 사람들은 계속해서 그녀의 책을 읽기를 갈망한다. 오랫동안 나는 그녀가 주님과 하나님의 말씀에 더 깊이 들어가고 있음을 발견하였다. 그녀의 책들 속에 기록한 성경말씀은 읽을 때마다 부요함과 기쁨을 준다.

이미 세계적으로 수많은 사람들이 그녀의 저서들을 읽었으며 큰 축복을 받았다. 그녀는 유명한 설교자이면서 저술가이다. 그녀는 자신의 책들이 많은 사람들에게 읽혀지고, 독자들이 놀라운 은혜를 받음에 큰 기쁨을 느낀다.

나는 예수 그리스도의 보혈에 관한 주제에 깊은 관심을 갖고 있었기에 이 책을 저술하는 데 있어서 메어리와 함께 하였다. 우리는 하나님의 말씀을 열심히 연구하였으며, 우리가 쓴 모든 내용은 성경에 기초한 것임을 확신한다.

나는 이 책이 그녀의 다른 책들보다 더 많은 사람들에게 인정받고 읽혀지기를 기도한다. 그녀가 계시 받은 말씀들이 이 책을 읽는 독자들의 마음에 온전히 전달되기를 간절히 원한다.

나는 하나님이 항상 당신을 축복하고 보호해 주시기를 간절히 기도한다. 하나님이 당신에게 자신의 얼굴을 비추시고 당신이 하는 모든 일에 축복하시기를 간구한다. 하나님은 당신이 이 책을 읽을 때 새로운 사도적 기름부음과 환상을 주신다. 당신이 하나님 왕국을 세우는 마지막 날 주실 것이다. 추수 때에 많은 열매를 거두기를 간절히 소원한다.

로웨어리 박사

| 감사의 글 |

그리스도의 보혈이 우리들의 믿음에 있어 중요한 이유는 무엇인가? "우리는 성경을 보혈의 책"이라고 말한다. 보혈이 인간의 원죄와 가증한 범죄의 대가를 완전하게 대신하는 것만은 아니다. 보혈은 자기 아들의 피 흘림을 통하여 인류를 구원하시는 하나님의 뜻을 보여준다.

이 책은 그리스도의 보혈이 우리의 죄를 깨끗하게 하고 구원에 이르게 한다는 성경말씀의 의미를 구체적으로 살펴본 것이다. 또한 하나님이 나에게 보여주신 보혈에 관한 계시를 기록하였다.

하나님은 나에게 우리가 보혈의 능력을 믿어야 하는 이유와 보혈이 믿음에서 왜 절대적으로 중요한가를 나에게 강하게 느끼게 하셨다. 나는 이 책을 쓰면서 성령의 기름 부음을 느꼈으며 그의 말씀이 온전히 전달되기를 원하시는 것으로 믿는다. 보혈의 메시지는 하나님이 우리를 얼마나 깊이 사랑하고 계시며 우리를 위하여 능력으로 준비하신 계획이 무엇인지를 보여준다.

나는 이 책을 저술하는 데 도움을 주신 분들에게 진심으로 감사를 드린다. 나의 목회자, 멘토, 영적 조언자이시며 이 책을 저술하는 데 함께 해주신 로웨어리 박사님께 감사를 드린다. 박사님은 이 책을 저술하는 모든 과정에 소중한 도움을 주셨다. 그분의 조언, 기도, 도움이 없었다면 이 책은 출판되지 못했을 것이다. 나는 우리들의 소중한 사역을 위해 지원과 격려 그리고 유용한 도움을 주신 로웨어리 박사의 아내인 아름다운 밀드래드 사모님께도 감사를 드린다.

또, 나를 전적으로 지원하고 격려해 주신 워싱톤에 있는 'National Church of God' 교인들과 담임목사님인 스테판 로웨어리 목사님께 진심으로 감사를 드린다.

무엇보다도 본 저서의 내용을 여러 성도들과 함께 할 수 있도록 나를 선택하여 주신 하나님께 감사와 찬양을 드리며, 성부 하나님, 성자 하나님, 성령 하나님께 찬양과 존귀와 영광을 올린다.

메어리 K. 백스터

| 차례 |

메어리 백스터의 사역 6 　　 서문 9 　　 감사의 글 11

1장　피의 의미　　　　　　　　· 15
2장　피 안에 있는 생명　　　　 · 27
3장　구약 희생 제물과 피　　　 · 41
4장　완전한 제사　　　　　　　· 61
5장　새 언약과 보혈　　　　　　· 105
6장　피의 경계의 능력　　　　　· 119
7장　보혈과 구원　　　　　　　· 131
8장　보혈과 평화　　　　　　　· 155
9장　보혈과 변화　　　　　　　· 171
10장　보혈과 치유　　　　　　　· 181
11장　보혈과 구원　　　　　　　· 185
12장　보혈과 천국　　　　　　　· 215
13장　영원한 보혈의 능력　　　　· 229

저자소개 246

1. 피의 의미

곧 우리가 원수 되었을 때에 그의 아들의 죽으심으로 말미암아 하나님과 화목하게 되었은즉 화목하게 된 자로서는 더욱 그의 살아나심으로 말미암아 구원을 받을 것이니라 (로마서 5:10)

영화 '패션 오브 크라이스트'는 세계적으로 대단한 관심을 받았다. 이 영화는 수많은 사람들에게 예수 그리스도가 십자가 위에서 피를 흘리고 죽어갈 때 겪은 고통이 얼마나 큰가를 생각하게 하였다. 그러나 대부분의 사람들은 예수님이 흘렸던 피가 지니고 있는 진정한 의미를 이해하지 못하고 있다. 그들은 예수님이 자신들을 대신하여 죽었다고 가볍게 이해하고 있을 뿐, 예수 그리스도의 십자가의 귀중한 은혜가 함축하고 있는 의미를 완전히 깨닫지 못하고 있다.

예수 그리스도의 피 흘림과 죽음에 대한 이해는 단순한 호기심이나 역사적 지식의 측면에서 뿐이 아니다. 예수님의 죽음과 부활은 인류 전체 역사에 큰 영향을 주었으며 오늘날 우리에게도 동일하게 적용되고 있다. 우리 중에 예수님의 보혈이 우리들의 삶에 어떻게 영향을 미치고 있는가를 이해하는 사람은 많지 않다. 극소수의 사람만이 보혈이 어떻게 우리를 치유하고 보호하고 구원받게 하는지를 이해하고 있다. 예수님의 보혈은 우리가 상상할 수 있는 것보다 더 큰 자유와 능력, 그리고 구원을 준다. 우리가 보혈의 진리를 삶 가운데 실천한다면, 예수님이 애초에 우리에게 주신 충만함과 능력 안에서 살아갈 수 있다.

보혈의 3가지 차원

어느날 밤, 내가 페닉스에 있는 교회에서 설교하고 있을 때 하나님의 위대한 능력에 관한 환상을 보게 되었다. 주께서 나의 영적인 눈을 열어주셔서 하나님의 능력이 지평선 위에서 회전하고 있는 것 같은 뚜렷한 형상을 보게 하셨다. 나는 교회 천장을 통하여 하늘 전체가 피로 물든 안개로 가득한 것을 보았다.

교회 전체가 내가 전에 몇 번 경험해본 적이 있는 놀라운 에너지로 채워졌다. 나는 천사들이 여러 사람을 한 곳으로 모으고, 하나님 말씀을 받을 준비를 하기 위하여 교회 카펫을 쓸고 있는 것을 보았다. 나는 하늘에 있는 붉은 안개와 천사들의 행동이 무엇을 의미하는지를 하나님께 물었다. 하나님은 그들이 하나님 어린 양의 정결하고 거룩한 피를 상징한다고 나에게 말씀하셨다.

또한 주님은 갑자기 벽에 나타난 큰 거울 같은 것을 나에게 보여주셨는데 그것은 마치 커다란 영화 스크린 같았으며, 스크린 위에는 깜짝 놀랄만한 장면이 펼쳐지기 시작했다. 하나님은 그것을 통하여 하나님의 존귀한 어린 양이며 우리를 위하여 갈보리에서 희생 제물이 된 독생자 예수님이 흘리신 피의 3가지 중요성을 보여주셨다.

역사적 차원

첫째로 어린 양의 보혈은 역사적 차원에서 중요한 의미를 갖는다. 역사적 차원은 예수님이 이 땅에서 살면서 모욕과 고통과 보혈의 피를 흘리셨던 약 2,000년 전의 역사적 시기와 관련된 것이다. 이 시기는 시간적으로 볼 때 상대적으로 짧은 시간을 차지하고 있지만, 세계 역사에 기록된 시기 중에서 가장 중요한 기간을 차지하고 있다. 왜냐하면 예수님이 갈보리에서 인류의 죄를 친히 담당하심으로써 우리는 완전하게 창조주 하나님과 화해할 수 있는 능력을 부여받았기 때문이다. 우리는 하나님의 변함없는 뜻 가운데 이루어진 사랑의 관계 속에서 하나님께 가까이 갈 수 있는 은혜를 선물로 받은 것이다.

불변적 차원

둘째, 그리스도의 보혈은 영원성의 차원을 지니고 있다. 성경은 예수 그리스도를 영원성의 차원에서 다음과 같이 기록하고 있다.

> 예수 그리스도는 어제나 오늘이나 영원토록 동일하시니라
> (히브리서 13장 8절)

또한 하나님의 말씀은 예수 그리스도를 다음과 같이 기록하고 있다.

> 죽임을 당한 어린 양의 생명책에 창세 이후로 이름이 기록되지 못하고 이 땅에 사는 자들은 다 그 짐승에게 경배하리라
> (요한계시록 13장 8절)

하나님은 예수님의 고난을 영원 전에 예정하셨으며, 영원히 변하지 않는 완전한 것이 되게 하셨다. 예수님의 보혈은 모든 인류를 구원하기에 충분하며, 이러한 하나님의 은혜가 모든 시대와 장소에서 모든 사람에게 임하였다.

지속적 차원

셋째, 그리스도의 보혈은 오늘날에도 지속되는 차원을 지

니고 있다. 예수님의 보혈은 예수님 안에 있는 믿음의 사람들에게 계속 흐르고 있다. 이것은 온 세상 모든 믿는 자들의 생활에 영향을 미치고 있다.

우리는 진실로 예수 그리스도의 보혈이 우리 안에 살아 있도록 해야 한다. 하나님이 계시 중에 나에게 말씀하신 것 중 하나는 "보혈을 기억하라"이다. 우리는 왜 예수님이 보혈을 흘리셨는지를 반드시 이해해야 한다. 하나님의 구원을 받은 우리들은 예수님의 단 한 번의 완전한 희생이 인류의 무지와 죄를 깨끗하게 하셨다고 선포해야 한다.

그리스도의 피 흘리심과 죽으심을 오늘날에도 계속해서 기념하는 일은 예수님이 그의 제자들과 함께한 마지막 유월절을 보내면서 직접 우리에게 주신 명령이다. 우리는 이것을 소홀히 하거나 당연한 것으로 받아들여서는 안된다. 그리스도의 보혈을 일상적이거나 보편적인 차원에서 생각해서는 안된다. 이것은 하나님과 우리에게 있어서 소중한 것이다. 예수님의 보혈이 없었다면 우리들 중 아무도 하늘에 계신 하나님과 관계를 회복하지 못했으며, 유혹과 죄와 원수와 싸워 승리하지 못했을 것이다. 우리는 예수님의 보혈을 통하여 하늘에 계신 하나님과 화해하고 연합할 수 있게 되었으며 세상 모든 권세를 이길 능력을 받게 되었다.

이 책의 중심 주제는 보혈의 지속적인 차원과 보혈이 우리의 삶에 있어서 어떤 의미를 지니고 있는가이다.

보혈에 대한 하나님의 계시

예수 그리스도의 보혈은 모든 나라 모든 세대뿐 아니라 문화와 관습들을 초월하여 흐르는 붉은 샘이다. 예수 그리스도의 보혈은 사람들을 분리시켰던 장벽을 허물었다. 또한 인간에게 있어서 가장 냉담하고 잔인하며, 복수와 악의로 가득한 마음을 녹여 사라지게 한다. 보혈은 상처 입고 절망 가운데 있는 심령을 위로하고 소망과 청결, 치유와 구원을 준다.

우리는 예수님의 보혈로 인하여 여러 가지 놀라운 계시를 받은 것을 이 책을 통하여 깨닫게 될 것이다.

- 우리는 죄 사함을 받았다.

  이것은 죄 사함을 얻게 하려고 많은 사람을 위하여 흘리는 바 나의 피 곧 언약의 피니라 (마태복음 26장 28절)

- 우리의 죄에서 완전하게 씻음 받았다.

  또 충성된 증인으로 죽은 자들 가운데에서 먼저 나시고 땅의 임금들의 머리가 되신 예수 그리스도로 말미암아 은혜와 평강이 너희에게 있기를 원하노라 우리를 사랑하사 그의 피로 우리 죄에서 우리를 해방하시고 (요한계시록 1장 5절)

- 우리는 속량 받았다.

    우리는 그리스도 안에서 그의 은혜의 풍성함을 따라 그의 피로 말

    미암아 속량 곧 죄 사함을 받았느니라 (에베소서 1장 7절)

    그 아들 안에서 우리가 속량 곧 죄 사함을 얻었도다

    (골로새서 1장 14절)

- 우리는 하나님 앞에서 의롭다 여김을 받았다.

    그러면 이제 우리가 그의 피로 말미암아 의롭다 하심을 받았으니

    더욱 그로 말미암아 진노하심에서 구원을 받을 것이니

    (로마서 5장 9절)

- 우리는 하나님과 가까워졌다.

    이제는 전에 멀리 있던 너희가 그리스도 예수 안에서 그리스도의

    피로 가까워졌느니라 (에베소서 2장 13절)

- 우리는 하나님과 화목하게 되었다.

    그의 십자가의 피로 화평을 이루사 만물 곧 땅에 있는 것들이나

    하늘에 있는 것들이 그로 말미암아 자기와 화목하게 되기를 기뻐

    하심이라 (골로새서 1장 20절)

- 우리는 양심의 깨끗함을 얻었다.

    하물며 영원하신 성령으로 말미암아 흠 없는 자기를 하나님께 드

린 그리스도의 피가 어찌 너희 양심을 죽은 행실에서 깨끗하게 하고 살아 계신 하나님을 섬기게 하지 못하겠느냐

(히브리서 9장 14절)

- 우리는 하나님을 위하여 거룩하게 구별되었다.

  그러므로 예수도 자기 피로써 백성을 거룩하게 하려고 성문 밖에서 고난을 받으셨느니라 (히브리서 13장 12절)

- 우리는 하나님께 나아갈 새로운 담력을 얻고 도움을 간구할 수 있게 되었다.

  그러므로 형제들아 우리가 예수의 피를 힘입어 성소에 들어갈 담력을 얻었나니 (히브리서 10장 19절)

- 우리는 살아가는 동안 죄로부터 깨끗함을 받을 수 있다.

  그가 빛 가운데 계신 것같이 우리도 빛 가운데 행하면 우리가 서로 사귐이 있고 그 아들 예수의 피가 우리를 모든 죄에서 깨끗하게 하실 것이요 (요한일서 1장 7절)

- 우리는 원수를 이길 수 있다.

  또 우리 형제들이 어린 양의 피와 자기들이 증언하는 말씀으로써 그를 이겼으니 그들은 죽기까지 자기들의 생명을 아끼지 아니하였도다 (요한계시록 12장 11절)

예수 그리스도의 십자가 환상

어느 날 전심으로 기도하는 중, 그리스도가 십자가에 못 박히셨던 그날에 대한 환상을 보고 나의 가슴은 무너져 내렸다. 로마 군인들이 커다란 못으로 예수님의 양손을 십자가에 못 박자, 그의 손에서는 피가 뚝뚝 떨어져 내렸다. 그의 피는 양손뿐 아니라 온 몸에서 흘러내렸던 것을 나는 확실하게 기억하고 있다. 내가 두려웠음에도 불구하고 예수님을 위로하고 돕기 위하여 무엇인가 해야겠다고 생각할 정도로 그는 혹독한 고통 속에 있었다.

예수님을 못 박는 소름끼치는 행동을 하고 있는 사람들은 계속해서 예수님을 모욕하고 저주하고 있었다. 주님이 그 사람들을 똑바로 바라보자 그들은 뒤로 넘어졌다. 그러나 잠시 후 그들은 예수님을 못 박는 일을 계속하였다. 주님을 십자가에 매달아 끌어 올리는 그들을 보았을 때, 얼마나 두렵고 슬펐는지 모른다. 나는 이토록 강렬한 환상을 보면서 하염없이 울었다.

그때 수천 명의 천사들이 십자가 주위에 모여 있는 것 같은 광경을 보았다. 천사들은 예수님을 십자가에 못 박고 있는 사람들에게는 보이지 않았지만 나는 그들을 확실하게 볼 수 있었다. 천사들은 그들의 손에 들고 있는 그릇으로 예수님이 흘리시는 모든 피를 받았다. 그리고 예수님의 보혈을 하늘로 가져갔다.

천사들은 보혈을 옮기면서 울부짖었다. 그들이 옮기고 있는 소중한 보혈은 예수님의 놀랍고 위대한 희생이었다. 나는 두려움으로 이 광경을 지켜보았다. 나는 너무 슬퍼서 이 환상을 더 이상 볼 수 없었고 소리내어 울기 시작하였다. 나는 주님이 당신과 나에게 주신 놀라운 은혜에 완전히 사로잡혔다.

하나님은 어린 양의 보혈에 관하여 책에 기록해야 할 것을 나에게 말씀하기 시작하셨다. 하나님은 성경이 보혈의 능력에 대하여 무엇을 말하고 있는가를 분명하게 증거하라고 영적으로 나에게 이것을 보여주신 것이다. 하나님은 예수님이 갈보리에서 흘리신 보혈로 인하여 우리가 정결하게 되고 보호받고 죄에서 해방된 것이 무슨 의미인지를 보여 주기 시작하셨다.

주님께서, 하나님의 어린 양의 보혈에 대하여 글을 쓰며 사람들에게 전하도록 인도할 때, 나의 영혼은 심령 속에서 불타고 있었다. 나는 다양한 환상과 계시를 통하여 그리스도의 보혈이 우리에게 절대적으로 필요하다는 것을 더 깊이 깨닫게 되었다.

보혈이 우리에게 절대적으로 필요한 이유는 그리스도의 십자가의 죽음이 우리 죄의 대가를 대신 갚아 주었기 때문이며, 우리의 생명이 그 피에 있기 때문이다.

육체의 생명은 피에 있음이라 내가 이 피를 너희에게 주어 제단에 뿌려 너희의 생명을 위하여 속죄하게 하였나니 생명이 피에 있으므로 피가 죄를 속하느니라 (레위기 17장 11절)

우리는 다음 장에서 생명의 피의 본질에 대하여 살펴볼 것이다.

2. 피 안에 있는 생명

> 육체의 생명은 피에 있음이라 내가 이 피를 너희에게 주어 제단에 뿌려 너희의 생명을 위하여 속죄하게 하였나니 생명이 피에 있으므로 피가 죄를 속하느니라 (레위기 17장 11절)

우리의 정맥을 통하여 흐르는 피는 인간에게 있어서 공통적으로 가지고 있는 요소이다. 모든 인간은 피로 인하여 육체적인 생명을 갖게 되는 것이다. 1628년 내과의사이며 해부학자였던 윌리암 하베이 박사는 'On the Circulation of the Blood' (피의 순환)을 출간하였다. 그는 이 책에서 생명은 피에 있다는 것을 제시하였다. 피의 신체 내 순환에 대한 연구는 17세기에 가장 중요한 의학적 업적이었다. 이 연구는 질병의 치료뿐 아니라 인간의 신체적 기능을 이해하는 데 가장 핵심적인 지식을 제공하였다.

그러나 성경은 이미 수천 년 전에 인간의 신체적 생명이 피에 기원한다는 중요한 사실을 확실하게 보여주었다. 하나님은 구약시대 족장이었던 노아에게 피에 대하여 말씀하셨다.

모든 산 동물은 너희의 먹을 것이 될지라 채소 같이 내가 이것을 다 너희에게 주노라 그러나 고기를 그 생명 되는 피째 먹지 말 것이니라 내가 반드시 너희의 피 곧 너희의 생명의 피를 찾으리니 짐승이면 그 짐승에게서 사람이나 사람의 형제면 그에게서 그의 생명을 찾으리라 다른 사람의 피를 흘리면 그 사람의 피도 흘릴 것이니 이는 하나님이 자기 형상대로 사람을 지으셨음이니라

(창세기 9장 3-6절)

피의 본질과 기능

현대 의학이 고도로 발전되었다 하더라도 우리는 아직도 피의 생리학적 작용과 관련된 피의 다양한 성분의 화학작용을 완전하게 이해하지 못하고 있다. 인간의 피와 신체 내 기능에 대한 연구는 매우 어렵고 복잡하기 때문에 모든 의학 전문 분야, 특별히 혈액학 분야에서 전적으로 연구가 이루어지고 있다.

이 신비로운 액체가 몸 전체를 한 번 순환하는 데는 약 23초가 걸린다. 피는 끊임없이 심장, 동맥, 모세혈관, 정맥을 통해 흐르고 있다.

하나님에 의해서 부여된 생명은 육체의 피에 있기 때문에 어떤 생명도 피 없이 존재할 수는 없다. 모형 혈관과 현대화

된 도구들을 사용하고 있는 과학자들도 아직도 피에 대하여 정확히 정의하거나 측정하지 못하고 있다.

인간의 육체는 수많은 다른 종류의 조직으로 구성되어 있다. 우리는 그것들을 근육, 신경, 지방, 내분비선, 뼈, 연결 조직 등으로 부르고 있다. 모든 세포는 한 가지 공통적인 요소를 가지고 있는데, 그것은 고정된 세포로서 현미경으로만 볼 수 있을 정도로 크기가 작고, 특별하고 제한된 기능만을 하고 있다는 것이다. 그러나 피는 고정된 조직들과 다르게 몸 전체에 흐르면서 자유롭게 움직인다. 즉, 피는 신체의 한 부분에 제한되어 있지 않고 몸 전체에 자유롭게 흐르고 있으며 고정된 조직에 영양분을 공급하고 노폐물을 제거해 준다.

성인 어른들은 몸 속에 10파인트(pint)의 피를 가지고 있다. 보통 몸무게의 7%는 피로 구성되어 있다. 피는 뼈의 좁은 통로를 통해 흐르고 있으며, 스스로 하루에 수천 번씩 순환하고 정제된다. 피는 심장에 의해서 뿜어 올려지며 허파에 의하여 발생하는 산소를 가지고 몸 전체에 순환하고 있다. 피는 호르몬과 다른 물질 뿐 아니라 영양분과 산소를 전달하고 이산화탄소와 다른 노폐물을 제거한다. 몸 속에 있는 항체는 체내에 침투하는 병원균을 공격하여 퇴치시킨다.

따라서 피는 우리에게 힘을 주고 성장이 가능하도록 만든다. 또한 피는 몸의 수호자로서 질병과 싸운다. 피는 몸의 최일선에서 병원균, 박테리아, 해로운 미세 유기체가 침투하는 것을 방어하며, 몸에 해로운 어떤 것에 대하여 유기적으로 저항력을 갖도록 한다. 피는 우리 몸의 면역 체계에 있어서 중요한 역할을 하며, 몸이 적절한 체온을 유지할 수 있도록 한다. 따라서 피는 우리의 건강과 행복에 있어서 가장 중요한 역할을 한다.

환자가 건강한 피를 헌혈 받는 것은 가장 큰 축복이다. 미국에서 일년에 약 32만 파인트의 피가 사용되고 있다. 적십자는 미국에서 환자를 치료하는 데 있어서 2초마다 수혈이 필요하다고 말한다. 수혈은 수술이나 갑작스러운 사고를 당한 자를 치료하거나 혈액 순환의 문제를 가진 사람에게 필요하다. 건강은 몸에 나쁜 피가 흐르고 있는 한 불가능하며, 매년 수천만 명의 사람들이 수혈로 살아나고 있다.

피는 "생명의 강"이다

피는 오직 하나님만이 만들 수 있는 신비로운 유동체이다. 아직 과학적으로는 피의 기능을 완전하게 밝혀내지 못하고 있으나, 분명한 것은 피가 없다면 생명이 끝난다는 사실이다. 예를 들어보면, 근육이 운동을 멈추더라도 신체의 나머지 부분은 계속 작용하지만, 피가 공급되지 못하면 몸의 모든 부분이 죽는다. 피는 몸의 모든 세포에게 생명을 주는 그러나 분명하게 정의할 수 없는 요소를 지니고 있다.

성경은 우리 몸의 생사를 결정하는 "생명의 강"이 얼마나 중요한가를 밝혀주고 있다. 하나님은 생명과 신비롭게 관련되어 있는 피를 거룩한 것으로 구별하셨다.

> 너희는 기름과 피를 먹지 말라 이는 너희의 모든 처소에서 너희 대대로 지킬 영원한 규례니라 (레위기 3장 17절)

> 다만 크게 삼가서 그 피는 먹지 말라 피는 그 생명인즉 네가 그 생명을 고기와 함께 먹지 못하리니 너는 그것을 먹지 말고 물 같이 땅에 쏟으라 너는 피를 먹지 말라 네가 이같이 여호와께서 의롭게 여기시는 일을 행하면 너와 네 후손이 복을 누리리라
>
> (신명기 12장 23-25절)

부패한 인류의 피

피는 생명을 유지하는데 있어서 소중하고 절대적으로 필요한 것이지만, 오늘날 우리가 가지고 있는 피는 하나님이 처음 인간에게 주신 피와 동일하지 않다. 인간이 하나님을 배반하였을 때, 우리의 피는 부패되고 죄로 오염되었다. 맥스웰 휘트는 다음과 같이 설명하였다.

아담의 범죄는 인간의 피에 죄와 질병을 가져다 주었다. 아담이 범죄하지 않았다면 그는 결코 죽지 않았을 것이다. 그러나 그의 범죄는 인류에게 죽음을 가져다 주었고, 그의 불순종으로 인해 인간의 육체는 타락과 부패의 지배를 받게 되었다. 결국, 모든 사람에게 죽음이 오게 된 것이다.

"The Chemistry of the Blood"의 저자인 데하안도 피에 대하여 다음과 같이 동의하고 있다. 생명은 피에 있고, 죄의 대가는 죽음이라는 성경말씀대로, 아담의 죄가 그의 피에 영향을 주어 죽음에 이르게 하였다. 아담의 후손인 모든 인류의 피는 아담이 범한 죄의 결과와 동일한 상태가 되었으며, 우리는 죄 없는 피로만 깨끗함을 받을 수 있다. 이것은 모든 사람의 죄를 용서받게 하는 피이다.

첫 번째 피 흘림

우리는 성경에 기록된 최초의 피 흘림은 가인이 그의 아우인 아벨을 죽였을 때 일어났다고 자주 생각한다. 그러나 성경은 그 이전에 살인과 죄를 용서받기 위하여 피를 흘리는 희생이 필요하다는 것을 보여주고 있다.

인류 최초의 피 흘림은 에덴동산에서 일어났다. 하나님은 인간의 수치심을 덮어주기 위하여 한 동물(또는 동물들)을 희생물로 삼았다. 성경에 아담과 이브가 하나님을 대적하고 하나님을 떠나 살고자 할 때의 모습이 "이에 그들의 눈이 밝아져 자기들이 벗은 줄을 알고 무화과나무 잎을 엮어 치마로 삼았더라"(창세기 3장 7절)라고 기록되어 있다. 그러나 성경은 나뭇잎이 그들의 수치를 가리기에 충분하지 않았음을 보여주고 있다. "여호와 하나님이 아담과 그의 아내를 위하여 가죽옷을 지어 입히시니라"(창세기 3장 21절).

이 가죽은 어디에 온 것인가? 벌거벗은 아담과 이브의 수치를 가리기 위한 가죽옷을 짓기 위해서는 동물이 죽임을 당해야만 했다. 이것은 단순히 벌거벗은 신체적 수치를 가리기 위한 피 흘림만이 아니라, 그들의 영적인 벌거벗음을 가리기 위함이었다. 나뭇잎은 벌거벗은 몸을 가리기에 충분하지만, 죄를 용서 받고 거룩하신 하나님과의 관계를 회복하는 데에는 부족하였다.

이에 성경은 다음과 같이 말씀하고 있다.

> 율법을 따라 거의 모든 물건이 피로써 정결하게 되나니 피 흘림이 없은즉 사함이 없느니라 (히브리서 9장 22절)

아담과 이브의 범죄 이후, 사람들은 거룩하신 하나님과의 관계를 회복하는 데 필요한 죄 사함을 얻기 위하여 동물을 희생 제물로 드렸다. 이 때 동물의 피는 인간의 죄를 대신하는 희생 제물로서 죄없는 피로 간주되었다. 그러나 동물의 희생 제물로는 죄의 문제가 완전하게 해결될 수 없었다. 그것은 인류의 죄를 담당하기 위하여 죄없는 인간으로 오신 예수 그리스도의 완전한 희생 제물에 대한 예시에 불과한 것이었다.

인류 최초의 살인

우리는 인류의 시작에 관한 성경말씀을 더 깊이 읽을 때 피의 소중한 본질을 계속해서 깨닫게 된다. 피는 거룩하기 때문에 피를 부정하게 흘리게 한다면 반드시 심판을 받게 된다. 불행하게도 인간 생명에 대한 경시는 인간간의 경쟁이 시작된 직후에 나타났다. 가인은 땅의 소산으로 드린 제물이 열납되지 못하자 분노하였다. 하나님은 가인에게 분노가 죄를 낳을 수 있다고 경고하였으나, 가인은 하나님을 무시하였으며 질투를 참지 못하고 그의 아우를 죽였다. 이것이 인류 최초의 살인이었다. 하나님은 가인에게 물었다.

> 이르시되 네가 무엇을 하였느냐 네 아우의 핏소리가 땅에서부터 내게 호소하느니라 땅이 그 입을 벌려 네 손에서부터 네 아우의 피를 받았은즉 네가 땅에서 저주를 받으리니 (창세기 4장 10-11절)

이 사건은 인간의 피가 얼마가 소중한가를 강조하고 있다. 살인 행위와 다른 사람의 피를 흘리게 하는 것은 아담의 피가 온 땅에 뿌려질 정도로 끔찍한 것이며, 그 피가 하나님께 정의를 "호소"하고 있다.

하나님이 모세에게 율법을 주실 때 말씀하신 것이다.

> 너희는 너희가 거주하는 땅을 더럽히지 말라 피는 땅을 더럽히나니 피 흘림을 받은 땅은 그 피를 흘리게 한 자의 피가 아니면 속함을 받을 수 없느니라 (민수기 35장 33절)

생명이 피에 있기 때문에 오직 피만이 살인에 대한 용서를 대신할 수 있다.

> 육체의 생명은 피에 있음이라 내가 이 피를 너희에게 주어 제단에 뿌려 너희의 생명을 위하여 속죄하게 하였나니 생명이 피에 있으므로 피가 죄를 속하느니라 모든 생물은 그 피가 생명과 일체라 그러므로 내가 이스라엘 자손에게 이르기를 너희는 어떤 육체의 피든지 먹지 말라 하였나니 모든 육체의 생명은 그것의 피인즉 그 피를 먹는 모든 자는 끊어지리라 (레위기 17장 11, 14절)

인류가 가인 때부터 지금까지 계속해서 서로 피를 흘리게 하고, 하나님의 형상대로 창조된 사람을 죽이고, 생명의 무한한 가치를 무시하고 있는 것은 매우 슬픈 일이다. 미가 선지자는 인류의 절망적인 상태를 구약성경에 기록하였다.

> 경건한 자가 세상에서 끊어졌고 정직한 자가 사람들 가운데 없도다 무리가 다 피를 흘리려고 매복하며 각기 그물로 형제를 잡으려 하고 두 손으로 악을 부지런히 행하는도다 그 지도자와 재판관은 뇌물을 구하며 권세자는 자기 마음의 욕심을 말하며 그들이 서로 결합하니 그들의 가장 선한 자라도 가시 같고 가장 정직한 자라도 찔레 울타리보다 더하도다 그들의 파수꾼들의 날 곧 그들 가운데에 형벌의 날이 임하였으니 이제는 그들이 요란하리로다
>
> (미가 7장 2-4절)

인류는 타락한 상태에서 살아가고 있다. 우리 대부분이 살인자는 아니더라도 우리 모두는 타락한 본성을 드러내고 있다. 우리 모두는 어떤 이유에서든 범죄한 자들이다. 우리들 중 누구도 완벽한 삶을 살지 못하고 있다. 좋은 품성을 갖고 있으며, 사랑하고 베푸는 삶을 산다 하더라도, 우리는 여전히 이기적이며 다른 사람을 질투하고 악을 행하고 있다. 더 나아가 모든 사람들이 어떤 형태로든 고통을 받고 있다는 사실은 이 땅의 타락을 적나라하게 보여주는 것이다. 이러한 모습은 개인적으로나 인류 전체에 바람직하지 못한 것이다.

인간의 생명이 많은 사람의 눈에 보잘것없는 것으로 비쳐

지고 있을 뿐 아니라 피에 대한 사람들의 이해와 반응도 왜곡되어 있다. 피는 인간에게 강한 영향력을 미치고 있으나, 어떤 사람에게는 거부되고 어떤 사람에게는 긍정적으로 받아들여진다. 많은 사람들은 피를 볼 때 비명을 지르면서 거부한다. 그러나 어떤 사람은 피에 대하여 병적인 호기심을 갖고 있으며, 피와 피의 상징성에 매혹되어 있다.

대부분의 사람들은 호기심을 갖고 피의 독특한 영향력을 이해하려고 시도해왔다. 헐리우드와 미디어들은 대중의 관심을 끌어내는 피 흘리는 것과 핏덩어리의 힘을 이해하고 있다. 사람들은 자신의 허황되고 거짓된 신앙으로 인하여 피가 신비주의적으로 사용되는 다양한 제사와 축하연에 참여한다. 사람들은 이러한 일들을 본능적으로 받아들인다. 우리의 적인 사탄은 피가 신성하다는 것을 알고, 그의 사악하고 악독한 목적을 달성하기 위하여 사람들이 피를 잘못 사용하도록 유혹한다.

인간이 타락한 이후에 온 세상은 악독과 폭력으로 더욱 가득하게 되었다. 이 시대는 하나님이 의롭다고 판단한 노아와 그의 가족을 제외한 세상의 모든 사람들을 홍수로 멸망시킨 노아의 시대와 같다.

> 여호와께서 사람의 죄악이 세상에 가득함과 그의 마음으로 생각하는 모든 계획이 항상 악할 뿐임을 보시고, 땅위에 사람 지으셨

음을 한탄하사 마음에 근심하시고 (창세기 6장 5-6절)

상실된 하나님의 형상

우리는 홍수 후에 노아와 그의 가족에게 주신 하나님의 명령을 통하여 피의 본질과 피의 소중함에 대하여 더 많은 이해를 하게 되었다. 하나님은 창세기 9장 6절에서 모든 사람은 하나님의 형상으로 지음 받았기 때문에 그들의 생명과 피가 값으로 매길 수 없을 만큼 소중하다는 것을 노아와 그의 가족에게 설명하셨다. "다른 사람의 피를 흘리면 그 사람의 피도 흘릴 것이니 이는 하나님이 자기 형상대로 사람을 지으셨음이니라." 타락한 인간 존재의 생명조차도 하나님의 눈에는 가치 있는 것이다. 왜냐하면 우리 모두는 하나님의 형상대로 창조되었고 우리의 생명을 빼앗는 어떤 행위든 반드시 보응을 받기 때문이다.

그리스도에 의한 속죄의 필요

당신은 아담과 이브가 하나님께 불순종하였을 때, 자신들의 범죄가 이 세상에서 대량학살이 일어나도록 할 것이라는 것을 알았다고 생각하는가? 그들은 확실히 알지 못하였지만, 분명한 것은 그들이 하나님의 말씀에 불순종하였을 때 이미 대량학살은 일어났다. 우리는 그들의 처음 불순종으로 인한 필연적인 대가로 수천 년 동안 전쟁, 대량학살, 집단살해, 살인 등의 피 흘림을 경험하였다. 문제는 불순종이 단순히 신체적인 피 흘림에 한정되어 있지 않다는 데 있다. 하나님에 대한 불순종이 모든 영역에서 피 흘림의 원인이 되기 때문에 불순종에 대한 대가 지불이 반드시 필요하다. 예수님이 우리에게 하신 말씀이다.

> 옛 사람에게 말한 바 살인하지 말라 누구든지 살인하면 심판을 받게 되리라 하였다는 것을 너희가 들었으나 나는 너희에게 이르노니 형제에게 노하는 자마다 심판을 받게 되고 형제를 대하여 라가라 하는 자는 공회에 잡혀가게 되고 미련한 놈이라 하는 자는 지옥 불에 들어가게 되리라 (마태복음 5장 21-22절)

살인을 포함한 모든 죄는 영적 죽음에 이르게 되는 데, 죄를 용서받는 유일한 길은 피의 희생 제물에 있다. 죄는 어떠한 대가가 요구되든지 반드시 지불되어져야 한다. 죄는 반드시 용서받아야 한다. 피 흘림의 대가는 반드시 피로써 지불되어야 한다. 수세기 전부터 이러한 진리는 구약의 예언과 제사제도에서 확실하게 증명되었다. 하나님은 훗날 그리스도의 죽음의 의미를 우리에게 가르쳐 주시기 위하여 희생 제물을 바치는 제도를 사용하신 것이다. 우리는 예수님의 피 흘리심으로 인하여 하나님과 화목하게 되었으며 영원한 생명을 은혜로 받게 되었다.

3. 구약 희생 제물과 피

율법을 따라 거의 모든 물건이 피로써 정결하게 되나니 피흘림이 없은즉 사함이 없느니라 (히브리서 9장 22절)

하나님과 화해하기 위하여 피 흘림이 절대적으로 필요하다는 것은 기독교 구원 메시지의 핵심이다. 이와 관련된 주제는 창세기부터 계시록까지 다양한 상황과 복합적인 방법으로 반복적으로 언급되고 있다.

대부분의 성경에서 예수님의 말씀은 붉은 잉크로 기록되어 있다. 그러나 성경 전체가 붉은 색(붉은 피)으로 기록된 것이라고 말할 수도 있다. 왜냐하면 "붉은 진홍색 실"이 하나님이 아담과 이브의 벌거벗은 수치를 덮어주기 위해 죽인 동물의 가죽부터 계시록에 기록된 백마를 탄 자까지 모든 성경에 기록된 내용을 꿰고 있기 때문이다. 성경은 말 탄자의 이름을 "충성과 진실"이라고 부르고 있으며, 그에 대하여 기록하고 있다.

또 내가 하늘이 열린 것을 보니 보라 백마와 그것을 탄 자가 있으니 그 이름은 충신과 진실이라 그가 공의로 심판하며 싸우더라 또 그가 피 뿌린 옷을 입었는데 그 이름은 하나님의 말씀이라 칭하더라 (요한계시록 19장 11, 13절)

구약성경에 기록된 '피'라는 단어 중에 피의 희생 제물과 관련된 것이 백번 이상 된다. 피의 희생 제사는 죄 없으신 예수님이 완전한 희생 제물인 것과 그의 피 흘리심을 통하여 우리가 하나님과 화해할 수 있다는 것에 대한 상징 또는 예표이다. 구약시대에는 희생 제사가 연중 매일 그리고 특별한 상황에서도 드려졌으나, 예수님의 피는 오직 단 한번 드려짐으로써 전 인류를 대속할 완전한 희생 제물이 되신 것이다.

유대인이 애굽에서 해방된 후부터 구약 시대가 끝날 때까지 행했던 제사제도는 많은 상징적 의미를 지니고 있다. 구약시대에 이스라엘 백성이 하나님께 드렸던 제사제도는 하나님이 시내산에서 모세에게 주었던 계명으로 정확하고 상세하게 규정하고 설명하신 것이다.

구약의 제사제도는 죄는 반드시 대가를 지불해야 한다는 강력한 내용뿐 아니라 하나님의 공의 측면에서 죄의 대가는 반드시 피로만 대신할 수 있다는 진리를 보여주고 있다. 구약의 제사제도는 그리스도가 우리를 위하여 대속적 희생 제물이 되어주신 것에 대하여 올바르게 이해할 수 있도록 준비시켜 준다.

자신이 치루어야 할 죄의 대가

하나님이 레위기에서 지시한 희생 제사제도를 수행하는 데 있어서 가장 중요한 것은 피였다. 엄밀하게 말하면 하나님이 명령하신 대로 제사를 드리려고 하는 사람은 다른 사람에게 돈을 주고 산 것보다는 자신의 동물과 가축을 가져다가 희생 제물로 드려야 한다. 후에 성전 예배가 타락하게 되고 예배 참여자들이 형식적으로 성전을 출입할 때, 유대인들은 성전 마당 안에서 제물을 구입하였다.

> 그들이 예루살렘에 들어가니라 예수께서 성전에 들어가사 성전 안에서 매매하는 자들을 내쫓으시며 돈 바꾸는 자들의 상과 비둘기 파는 자들의 의자를 둘러 엎으시며 (마가복음 11장 15절)

하나님이 처음 제사제도를 정하실 때에는 자신이 소유하고 있는 동물 중에서 질적으로 최고이면서 온전한 것을 드리도록 하였다. 이러한 요구는 죄에 대하여 개인이 반드시 대가를 지불해야 한다는 의미를 강조한 것이다.

오늘날 슈퍼마켓에서 산뜻하게 포장된 죽은 고기만을 보아왔던 많은 사람들은 동물을 죽여서 드리는 제사를 혐오스럽거나 경멸스러운 것으로 생각하고 있다. 사실, 어떤 사람들은 제사제도를 "집단 살육하는 신앙"이라고 비난한다. 첫째, 우리는 이스라엘 사람들은 가축을 기르는 유목사회에서 생활하였으며, 음식으로 사용하기 위하여 동물을 죽이는 것이 일상적인 생활이었다는 것을 기억해야 한다. 그러나 하나님이 그의 백성들에게 이러한 제사제도를 주신 가장 중요한 목적은 죄는 대가를 지불해야 용서받을 수 있다는 것을 이해시키기 위해서다. 제사장 앞에 제물을 바친 사람들은 죄를 용서받기 위하여 대가를 지불해야 하는 것과 자신은 거룩하신 하나님 앞에 나아갈 수 없다는 사실을 이해하고 있다.

후에 성전으로 변화된 성막 안에서 이루어진 희생 제사는 자주 죄를 고백하는 의식을 수반하였다. 이것을 통하여 우리는 희생 제물의 중요한 영적 진리를 깊이 깨닫게 된다. 우리는 피가 속죄에 있어서 반드시 필요하다는 것을 확실하게 이해해야 한다.

속죄의 의미

속죄라는 의미를 지닌 단어 중에서 구약성경에서 가장 많이 사용한 히브리어는 'Kaphar'이다. 이 단어의 문자적 의미는 "to cover"(덮다, 감추다)이다. 영어단어 'atone'(속죄하다)은 "at one"(화해하다, 일치하다)이라는 문자 구조를 지니고 있으며, 예수님이 우리를 대신하여 속죄 제물이 되어

주신 것과 하늘에 계신 하나님과 우리 사이에 화평이 이루어진 것을 의미한다. 피로 드려지는 제사는 죄가 더 이상 하나님과 우리와의 관계를 단절시키지 못하도록 죄를 덮은 것(씻어낸 것)이다.

하나님이 규정한 제물

레위기에는 하나님이 규정한 제사제도가 기록되어 있다. 그 중에서 번제, 속죄제, 속건제, 화목제는 동물을 희생 제물로 드리는 제사이며, 항상 두 가지 제사 형식이 동시에 이루어졌다. 화목제는 감사제, 서원제, 자원제 등 다른 세 가지 제사로 구분되어 드려졌다. 곡식(또는 고기)과 같은 소산물을 제물로 드리기도 했다.

제사 규례와 희생 제물의 의미를 간단하게 살펴보자. 제사제도는 하나님이 원하시는 자신과 우리와의 언약 관계와 우리를 대신하여 속죄 제물이 된 하나님의 어린 양에 대하여 많은 것을 보여준다.

번제

번제는 가장 자주 드려지는 제사로서 레위기 1장과 레위기 6장 8-13절에 자세하게 기록되어 있다. 번제는 매일 아침과 저녁에 드려지며, 특정한 날에는 자주 드려진다. 'The Zondervan Pictorial Dictionary'에는 다음과 같이 설명하고 있다. "제사의 목적은 화해이지만, 다른 사람과 연합하는 것과 예배자들이 여호와 앞에서 온전한 헌신을 서약하는 것을 의미한다. 제사는 하나님과 특별한 언약 관계 속에 있는 이스라엘 백성에게는 보편적인 것이다.""The New Unger's Bible Dictionary"에서는 제사를 다른 측면에서 설명하고 있다. "희생 제사는 그리스도가 기쁨으로 죽음으로써 하나님의 뜻을 이루기 위하여 하나님 앞에 흠 없는 자신을 스스로 드린 것이다."

번제는 자신이 소유하고 있는 소, 숫양, 양, 염소 등의 가축 중에서 신체적으로 어떠한 흠도 없는 어린 수컷을 드리는 것이다. 그러나 제물 드리는 자의 경제적 사정이 고려되었으며, 극빈자는 비싼 동물 대신 새를 드릴 수 있었다.

번제는 다른 제사와는 달리 전체를 태워서 드리는 것이며, 주님 앞에 개인 또는 회중의 온전한 헌신과 순종을 상징하는 것이다. 이것이 바로 번제라고 불리는 이유이다. 헌제자(제물을 바치는 자)는 희생 제물로 드릴 동물을 성막(후에 성전이 됨) 입구에 있는 제사장에게 바친다. 이 때 헌제자는 제물의 머리에 자신의 손을 얹는 데, 이것은 자신의 죄가 동물에게 전가되는 것을 상징한다. 헌제자는 직접 칼로 동물을 죽인다. 제사장은 피를 제단 사면에 뿌린다. 그리고 제물의 각을 뜨고 태우기 위하여 제사장에게 드린다.

> 그 예물이 소의 번제이면 흠 없는 수컷으로 회막 문에서 여호와 앞에 기쁘게 받으시도록 드릴지니라 그는 번제물의 머리에 안수할지니 그를 위하여 기쁘게 받으심이 되어 그를 위하여 속죄가 될 것이라 그는 여호와 앞에서 그 수송아지를 잡을 것이요 아론의 자손 제사장들은 그 피를 가져다가 회막 문 앞 제단 사방에 뿌릴 것이며, 그는 또 그 번제물의 가죽을 벗기고 각을 뜰 것이요, 제사장 아론의 자손들은 제단 위에 불을 붙이고 불 위에 나무를 벌여 놓고, 아론의 자손 제사장들은 그 뜬 각과 머리와 기름을 제단 위의 불 위에 있는 나무에 벌여 놓을 것이며, 그 내장과 정강이를 물로 씻을 것이요 제사장은 그 전부를 제단 위에서 불살라 번제를 드릴지니 이는 화제라 여호와께 향기로운 냄새니라 (레위기 1장 3-9절)

속죄제

속죄제는 레위기 4장 1-35절, 6장 24-30절에 기록되어 있다. 속죄제는 일반적으로 부지불식간에 죄를 범한 사람을 위한 제사이다. 그러나 범죄한 자는 때때로 죄의식을 가지기도 한다. 속죄제는 의도적이며 고의로 범한 죄보다는 무심결에 범한 죄를 위한 것이다. "히브리인들이 드리는 제사 중에서 속죄제는 하나님과 화해하고 속죄함을 받는 가장 확실한 증표이다. 속죄제는 제사를 드리는 자의 입장에서는 범죄에 대한 의식을 전제로 한다."

속죄제가 제사장 또는 백성 모두의 죄를 위하여 드려질 때, 기름부음 받은 제사장은 어린 송아지의 속죄물의 피를 성소의 휘장 앞에 일곱 번 뿌리고 성소 안으로 가져간다. 제사장은 피의 일부분을 성막 안에 있는 향단 뿔에 바른다. 나머지 피는 번제단 밑에 쏟는다.

개인을 위한 속죄제의 경우에는 암염소의 희생 피를 번제단 뿔들에 바르고 그 피 전부를 제단 밑에 쏟는다.

제물의 기름 부분은 제단 위에서 불사른다. 제사장 또는 회중을 위한 제사의 제물은 모두 진영 밖으로 가져다가 불사른다. 제사장은 개인을 위한 속죄제 제물은 성소에서 먹는다. 하나님은 특별히 속죄일에 대하여 말씀하셨는데, 이 내용은 추후에 살펴보자.

속건제

속건제에 대한 규례는 레위기 5장 14절-6장 7절에 기록되어 있다. 속죄제와 일반적인 제사가 아닐 뿐 아니라, 하나님의 성물에 대하여 손해를 입힌 사람이나 제사장에게 배상을 요구하는 면에서 속죄제와 다르다. 성물에 죄를 범한 사람은 반드시 가져가거나 손해를 입힌 것과 동일하거나 오분의 일을 더해서 갚아야 한다. "이 제사는 우리가 치루어야 할 죄의 대가에 대한 그리스도의 희생의 예표이다. 속건제는 죄에 대한 의식보다는 손해나 피해를 준 것에 관한 것이다." 속건제는 물질적인 배상이 이루어진 후에 드려진다.

화목제

화목제는 이미 언급했듯이 레위기 3장에 감사제, 서원제, 자원제 등 3가지 제사로 기록되어 있으며, 다른 세 가지 제사로 구분되어 드려졌다. 각 제사들은 나름대로의 목적을 지니고 있다. 감사제는 이미 받은 축복에 대한 감사이며, 서원제는 하나님께 서원한 것을 이루어 드리겠다는 의지를 보이는 것이며, 자원제는 기쁜 마음에서 감사를 드리는 것이다.

'The Zondervan Pictorial Dictionary'에는 다음과 같이

설명하고 있다.

"화목제는 하나님과 화목한 관계에 있는 사람이 하나님께 감사와 헌신을 서약하고, 하나님께 순종하면서 따르겠다는 것을 다짐하면서 제사를 드린다는 측면에서 붙여진 이름이다. 따라서 화목제를 드리는 시기는 오순절(레위기 23장 20절)을 제외하고는 규정되어 있지 않으며, 예배자가 마음에 일어나는 감동에 따라 자발적으로 드리는 것(레위기 19장 5절)이다." 'The New Unger's Bible Dictionary'에서는 이 제사가 그리스도를 어떻게 예표하고 있는가를 설명하고 있다. "화목제는 그리스도가 우리의 평화임을 조명하고 있다."

화목제사도 동물의 희생을 필요로 한다. 제사장은 동물의 지방을 여호와 앞 제단 위에서 불사르고 나머지 부분은 먹는다. 화목제 제물 중에서 먹을 수 있는 부분들은 제물을 드린 사람과 그것을 받은 제사장들에게 배분한다. 레위기는 희생 제물로 드려진 고기들은 성전에서 그날 또는 다음날에 반드시 먹어야 된다고 기록하고 있다.

> 너희는 화목제물을 여호와께 드릴 때에 기쁘게 받으시도록 드리고 감사함으로 드리는 화목제물의 고기는 드리는 그 날에 먹을 것이요 조금이라도 이튿날 아침까지 두지 말 것이니라 그러나 그의 예물의 제물이 서원이나 자원하는 것이면 그 제물을 드린 날에 먹을 것이요 그 남은 것은 이튿날에도 먹되 그 제물의 고기가 셋째

날까지 남았으면 불사를지니 (레위기 7장 15-17절)

소제

소제(또는 "기름으로 반죽한 고운 밀가루"를 드리는 제사)는 곡물로 드리는 것이다. 'King James Version' 성경에서는 소제를 "meat"(기름으로 반죽한 고운 밀가루)로 기록하고 있다. 그러나 이 성경이 오늘날 다른 말로 번역되는 과정에서 'meat'라는 단어를 'meal'이라는 단어로 옮겨 놓은 것이다. 기술적인 의미에서는 소제에 어떠한 동물의 신체가 요구되지 않았더라도, 소제에 사용된 'meat'라는 단어는 소제가 자주 동물의 희생 제물과 함께 드려졌다는 것을 보여주고 있다(레위기 2장 1-16절, 6장 14-23절을 보라). 실제로 소제는 번제물과 함께 매일 2번씩 드려졌다.

소제는 고운 가루 또는 고운 가루로 요리한 것 등 다양한 방법으로 드리는 제사이다. 제물로 요리한 것을 드리려면 가장 고운 가루로 어떤 누룩이나 꿀도 넣지 않고 만든 것으로 드려야 한다. 제사장은 고운 가루 한 움큼과 기름과 그 모든 유향을 가져다가 제단 위에서 불사르며, 남은 것들은 제사장들이 먹는다. 소제를 드리는 궁극적인 목적은 주님의 선하신 뜻을 간구하고 그 뜻에 순종하면서 살겠다는 다짐을 하는 것이다. 'The New Unger's Bible Dictionary'에서는 예수 그리스도의 희생 제물과 관련하여 소제가 지닌 상징성을 다음과 같이 기록하고 있다. "소제는 그리스도가 우리와 같은 인간의 몸으로 이 땅에 오셔서 고난 받는 것을 보여준다. 고운 가루는 흠없고 순결한 그리스도의 인품을 보여준다. 불은 그리스도가 죽는 데까지 당하신 고난을 의미한다."

희생 제물의 의미

희생 제물의 중요성은 레위기 1장 3-4절에서 정확하게 이해할 수 있다.

> 그 예물이 소의 번제이면 흠 없는 수컷으로 회막 문에서 여호와 앞에 기쁘게 받으시도록 드릴지니라 그는 번제물의 머리에 안수할지니 그를 위하여 기쁘게 받으심이 되어 그를 위하여 속죄가 될 것이라 (레위기 1장 3-4절)

희생 제물을 가져오는 사람은 현실적으로 큰 고통을 경험할 수밖에 없다. 왜냐하면 자신이 태어날 때부터 지금까지 길러온, 값으로는 측정할 수 없을 정도로 소중한 동물을 드려야 하기 때문이다. 그는 자신의 죄 때문에 동물이 죽어야 하는 것을 알고 있다. 동물이 그를 죄에서 구한 것이다. 자신의 죄가 동물에게 전가되도록 동물의 머리에 손을 얹은 후 제사장에게 드리는 모든 제사 과정은 제물을 드리는 자에게 죄가 얼마나 무서운 대가를 요구하는지를 상기시켜준다. 죄를 용서받기 위해서는 죽음의 희생이 필요하다. 왜냐하면 육체의 생명은 피에 있으며, 죄사함을 위해서는 반드시 피 흘림이 있어야 하기 때문이다.

제사장의 역할

희생 제사제도를 살펴보는 데 있어서, 제사장의 역할을 생각하지 않고는 완전하게 이해했다고 할 수 없다. 제사장의 임무는 백성들로 하여금 희생 제사가 자신들의 신성한 의무임을 깨닫게 하는 것이다. 제사장의 사역은 선지자의 사역과 정반대이다. 선지자들은 하나님이 백성들에게 하고 싶은 말씀을 하나님으로부터 직접 받아서 백성들에게 선포하는 역할을 한다. 그러나 제사장이 하는 중요한 사역은 백성들이 가져온 희생 제물을 하나님께 바치는 것이다.

우리는 그의 얼굴을 하나님께 향하여 그분의 계시를 들은 후, 그의 얼굴을 백성들을 향하여 돌리면서 하나님의 말씀을 선포하는 선지자를 눈 앞에 그려볼 수 있다. 반대로 그의 얼굴을 사람에게 향하여 그들의 죄에 대한 고백을 듣고 제물을 받은 후, 그의 얼굴을 하나님께 돌리면서 하나님 앞에 희생 제물을 드리는 제사장을 눈 앞에 그려볼 수 있다.

제사장의 역할은 제단에 있는 불이 꺼지지 않도록 하는 것과 피를 단이나 다른 신성한 장소에 뿌리거나 붓는 것이다. 물론 가장 중요한 것은 다른 사람과 동일하게 제사장 스스로 자신의 죄를 위하여 제물을 드리는 것이다. 그러나 제사장에게 금지된 한 가지가 있다. 일반 사람들은 가끔 자신이 드린 희생 제물의 남은 부분을 먹을 수 있으나, 제사장은 자신이 드린 희생 제물의 어떤 부분도 먹을 수 없다. 제사제도에 따라 제단에서 불사르도록 한 제물 이외에 남은 것은 제사장이 회막 밖에서 태워야 한다. 우리는 예수님 자신이 친히 희생 제물이 되어 주신 것과 대제사장으로서 역할을 완성하신 것을 자세히 살펴보면, 구약의 제사제도가 우리에게 주는 의미 전체를 더 분명하게 알 수 있을 것이다.

성막: 천국의 모형

우리는 다양한 제사제도와 제사장의 역할에 대하여 배웠다. 이제는 성막(후에 이스라엘 백성은 예배와 제사를 목적으로 성전을 세웠다) 그 자체를 이야기하고자 한다. 제물을 불사르는 번제단은 성막 바깥 뜰에 위치하고 있다. 일찍이 나는 번제단의 "뿔들"을 언급하였다. 뿔들은 번제단 모퉁이에 있다. 금향단은 성막 안 성소에 있다. 휘장은 지성소라고 불리워지는 특별한 방과 성소를 갈라 놓고 있다. 하나님과 사람 모두에게 가장 거룩한 곳인 지성소에는 증거궤라고도 불리워지는 언약궤가 있다. 언약궤는 길이가 45인치, 너비가 27인치, 높이가 27인치인 직사각형 상자이다. 그것은 아카시아 나무로 만들어졌으며, 안팎이 순금으로 싸여졌다. 언약궤 덮개는 시은좌(은혜를 베푸는 자리) 또는 속죄소(그리스도의 구속의 은혜에 대한 예표)라고 불리고 있다.

하나님은 모세에게 속죄의 피를 뿌리는 시은좌(속죄소)의 두 끝에 그룹을 놓도록 지시하셨다. 그룹들은 두 날개를 높이 펴서 속죄소를 덮었다. 하나님은 모세에게 속죄소를 만드는 방법을 친히 말씀하셨다.

> 순금으로 속죄소를 만들되 길이는 두 규빗 반 너비는 한 규빗 반이 되게 하고 금으로 그룹 둘을 속죄소 두 끝에 쳐서 만들되 한 그룹은 이 끝에 또 한 그룹은 저 끝에 곧 속죄소 두 끝에 속죄소와 한 덩이로 연결할지며 그룹들은 그 날개를 높이 펴서 그 날개로 속죄소를 덮으며 그 얼굴을 서로 대하여 속죄소를 향하게 하고 속죄소를 궤 위에 얹고 내가 네게 줄 증거판을 궤 속에 넣으라 거기서 내가 너와 만나고 속죄소 위 곧 증거궤 위에 있는 두 그룹 사이

에서 내가 이스라엘 자손을 위하여 네게 명령할 모든 일을 네게 이르리라 (출애굽기 25장 17 22절)

대속죄일

대속죄일은 희생 제사제도에 있어서 특별한 의미를 갖는다. 성경에서 '속죄'의 히브리어는 'kippur' (키페르)이며, "New Standard Concordance"는 '키페르'가 "생명의 대가"라는 의미를 지닌 히브리어에서 유래한 것이라고 기록하고 있다. 옛 유대인들에게 있어서 동물의 희생 제사제도는 계속해서 드려졌지만, 오늘날 "Yom Kippur" 부르는 대속죄일은 지금까지도 유대인의 일 년 종교 행사 중 가장 거룩한 날로 지켜지고 있다.

대속죄일은 결코 단순한 기념일이 아니다. 이날은 고통과 회개의 날이다. 이스라엘 모든 백성이 하나님 앞에 나와서 자신의 죄를 회개하고, 죄를 용서받기 위하여 하나님의 도움을 간절히 구하는 날이다. 레위기 16장에서는 이 날을 매우 소중한 날로 기록하고 있다. 왜냐하면 모든 일반 백성부터 대제사장에 이르기까지 모든 사람이 제사에 참여할 수 있는 기회를 제공하기 때문이다. 더 나아가 죄 씻음을 받기 위하여 자기 스스로 하나님 앞에 나아가 거룩함을 받을 수 있다.

대속죄일에 있어서 중심이 되는 것은 두 마리의 숫염소이다. 한 마리는 희생 제물로 드려지며 그것의 피는 지성소로 옮겨져 하나님의 보좌에 나아가는 것을 보여주는 두 그룹이 있는 속죄소에 뿌려진다. 속죄소는 하나님의 나타나심을 보여주는 곳이다. 속죄가 그곳에서 이루어지고 하나님이 인간과 화해하고 함께하시는 곳이다.

> 여호와께서 모세에게 이르시되 네 형 아론에게 이르라 성소의 휘장 안 법궤 위 속죄소 앞에 아무 때나 들어오지 말라 그리하여 죽지 않도록 하라 이는 내가 구름 가운데에서 속죄소 위에 나타남이니라 (레위기 16장 2절)

대제사장은 백성들의 죄를 동물에게 전가시키기 위해 두 손으로 다른 숫염소의 머리에 안수한다. 그 후에 숫염소를 광야로 끌고 가서 사람이 없는 곳에 놓아 준다. 이 염소를 "속죄 염소"(사람의 죄를 대신 지워서 광야에 버린 염소)라고 부른다.

'속죄 염소'에 해당하는 히브리어는 'azazel'(아사셀)이다. 이 단어는 성경학자들 사이에 가장 큰 논란이 되고 있다. 어떤 학자들은 아사셀이 귀신이나 사탄을 가리킨다고 믿고 있다. 이러한 주장은 단순히 아사셀이라는 단어가 어원을 반영한 것처럼 보인다. "제거하다"라는 의미를 가지고 있는

'azal' (아잘)이라는 히브리어 단어는 사람들의 죄를 제거한다는 것을 상징한다. 아사셀이 가지고 있는 확실한 한가지 정의는 "완전하게 제거한다" 이다.

속죄소 위에 뿌려진 희생 제물이 된 염소의 피는 하나님이 우리의 죄를 덮어주시는 것을 보여주고, 광야에 버려진 염소는 하나님이 그의 백성을 죄에서 구원하시는 것을 나타낸다.

대속죄일에 대제사장은 먼저 자신과 가족들을 위해 속죄한 후 제사장과 백성들을 위하여 속죄한다. 레위기 16장에 자세히 기록되어 있다. 제사장은 하나님 앞에 나아가 백성들의 죄를 위하여 속죄소에 피를 드리기 위해 먼저 자신의 죄를 용서받아야 한다. 대제사장이 지성소에 들어가 하나님과 인간의 화해를 위해 피를 드릴 때, 죄인들에 대한 하나님의 의에 대한 요구가 1년 동안 충분한 효력을 갖게 된다. 대제사장은 매년 똑같은 방법으로 희생 제사를 드려야 한다.

완전한 성취

구약의 희생 제사제도를 연구하는 성경학자들은 수세기 동안 유대인의 제단에 뿌려졌던 피가 인간의 죄를 완전히 제거하지 못한다고 주장한다. 그러나 하나님은 모든 인간의 죄를 영원히 씻어낼 수 있는 예수 그리스도의 희생 대속이 이루어지기까지 인간의 죄를 "덮기" 위하여 이 제도를 쓰도록 명령하셨다.

> 그는 우리 죄를 위한 화목 제물이니 우리만 위할 뿐 아니요 온 세상의 죄를 위하심이라 (요한일서 2장 2절)

물론 구약 시대에 피로 드려진 모든 희생 제사는 거룩한 제도이다. 왜냐하면 피가 제단에 뿌려지고 부어졌기 때문이다. 또한 모든 제사는 하나님 앞에 소중한 것이다. 왜냐하면 각각의 동물의 희생 제사는 희생 제물, 증거, 약속의 의미를 지니고 있기 때문이다

- 희생 제물로서, 각각의 속죄 제물은 봉헌자의 죄를 덮었다.
- 증거로서, 각각의 희생 제물은 하나님의 진정한 어린 양이 이 땅에 오실 것에 대한 예표이다.
- 약속으로서, 각각의 희생 제물은 모든 피의 제사를 완성하기에 충분한 하나님 어린 양의 존귀한 피를 보여주고 있다.

오직 그리스도의 피만이 완전한 속죄를 이루기에 충분하다. 구약의 속죄일은 십자가 상에서 단 한 번에 모든 사람을 속죄하신 것에 대한 예표이다. 우리의 위대한 대제사장 되시

는 예수님은 자신의 죄를 위하여 희생 제물을 드릴 필요가 없으신 분이다. 그는 죄가 없으시면서 우리의 죄를 친히 담당하신 분이다. 자신의 피 흘림을 통하여 희생 제물이 되신 예수님은 하늘의 지성소에게 자신을 이미 드렸다. 이제 더 이상 희생 제물이 필요 없게 되었다.

예수님은 하늘에 계신 아버지가 약속한 기한이 완전하게 이르렀을 때 친히 당신과 나를 위하여 피를 흘림으로써 하나님의 모든 예언과 약속을 성취하셨다.

> 때가 차매 하나님이 그 아들을 보내사 여자에게서 나게 하시고
> 율법 아래에 나게 하신 것은, 율법 아래에 있는 자들을 속량하시
> 고 우리로 아들의 명분을 얻게 하려 하심이라
>
> (갈라디아서 4장 4-5절)

4. 완전한 제사

> 그가 거룩하게 된 자들을 한 번의 제사로 영원히 온전하게 하셨느니라 (히브리서 10장 14절)

나는 가는 곳마다 마음이 낙심과 상실로 가득한 사람들을 만났다. 그들은 삶의 의미를 소유하지 못하였을뿐 아니라 그들의 영혼이 황폐화 되어가는 것을 느꼈다. 수세기 동안 사람들은 깊은 자아 상실감과 고독을 느끼면서 살아왔다. 때때로 우리는 자신들이 하나님과 멀리 떨어져 있는 존재처럼 생각되었다.

사람들은 종교와 관계없이 그리고 자신의 믿음이 어떻든 간에 많은 사람들은 희생 제물과 제사 행위를 통하여 하나님과 화해하기를 간구하였다. 타지에 거주하는 이교도들조차도 본능적으로 그들의 신과 화해하기를 바라고 있다. 세계적으로 어떤 신을 숭배하든지, 사람들은 신의 용서와 은총을 얻기 위하여 다양한 희생 제사를 포함하는 예배를 드리고 있다. 이것은 마치 사람들의 마음이 그들의 창조자에게 나아갈 수 있는 길은 찾기 위하여 울부짖고 있는 것처럼 보인다.

이러한 상실감은 우리의 힘으로 하나님과 화해할 수 없다는 사실에 기인한 것이다. 우리는 중개자를 필요로 한다. 희생 제물이 되신 예수님만이 우리가 하나님께로 돌아갈 수 있는 유일한 길이 된 것에 대하여 자세히 살펴보자.

옛 언약의 불충분성

모세가 하나님으로부터 받은 희생 제사제도가 이스라엘 백성에게만 주어졌다 하더라도, 이 제도는 모든 사람에게 적용되는 진리이다. 희생 제물, 제사장, 지성소 안에 있는 속죄소 그리고 성막의 모든 기구와 장소들은 아직도 확실에게 드러나지 않는 천국의 모습을 이 땅에 모형으로 보여준 것들이다.

> 예수께서 만일 땅에 계셨더라면 제사장이 되지 아니하셨을 것이니 이는 율법을 따라 예물을 드리는 제사장이 있음이라, 그들이 섬기는 것은 하늘에 있는 것의 모형과 그림자라 모세가 장막을 지으려 할 때에 지시하심을 얻음과 같으니 이르시되 삼가 모든 것을 산에서 네게 보이던 본을 따라 지으라 하셨느니라 (히브리서 8장 4-5절) 오직 둘째 장막은 대제사장이 홀로 일 년에 한 번 들어가되 자기와 백성의 허물을 위하여 드리는 피 없이는 아니하나니, 성령이

> 이로써 보이신 것은 첫 장막이 서 있을 동안에는 성소에 들어가는 길이 아직 나타나지 아니한 것이라 이 장막은 현재까지의 비유니 이에 따라 드리는 예물과 제사는 섬기는 자를 그 양심상 온전하게 할 수 없나니 이런 것은 먹고 마시는 것과 여러 가지 씻는 것과 함께 육체의 예법일 뿐이며 개혁할 때까지 맡겨 둔 것이니라
>
> (히브리서 9장 7-10절)

율법에 대한 복종과 동물을 희생 제물로 드리는 것에 기초를 둔 첫 번째 언약은 예수 그리스도를 통하여 은혜와 믿음에 기초를 둔 두 번째 언약의 모형에 불과한 것이다.

> 율법은 모세로 말미암아 주어진 것이요 은혜와 진리는 예수 그리스도로 말미암아 온 것이라 (요한복음 1장 17절)

율법에 기초한 옛 언약은 하나님과 인간을 화해시키는 역할을 할 수 없으며, 우리 인류를 타락시킨 무시무시한 죄악에서 깨끗하게 할 수 없다. 율법은 단지 사람들로 하여금 죄를 깨닫게 하고 죄의 결과가 무엇인가를 확실하게 보여준다.

하나님은 에스겔 선지자에게 계시를 주실 때 죄의 결과를 확실하고 정확하고 강력하게 선언하셨다.

> 범죄하는 그 영혼은 죽을지라 아들은 아버지의 죄악을 담당하지

> 아니할 것이요 아버지는 아들의 죄악을 담당하지 아니하리니 의인의 공의도 자기에게로 돌아가고 악인의 악도 자기에게로 돌아가리라 (에스겔 18장 20절)

하나님의 공의와 거룩함은 단순히 하나님이 자신의 뜻을 선포하는 것으로 죄가 용서받도록 허락하지 않는다. 하나님은 우리의 형편을 고려하여 말씀하지 않으신다. "너의 의도는 매우 좋아, 따라서 너의 행동은 모두 정당한거야.", "네가 지난 주에 보여준 선행을 인정하여 나는 너의 죄를 용서해 주고 이 시간 모든 죄에서 벗어나도록 해 주겠다."

나는 거룩하고 존귀한 보좌에 계신 하나님의 환상을 본 적이 있다. 내가 본 모습은 진실로 놀랍고 신기하였다. 끝없이 이어지는 그의 영광의 파도가 나를 엄습하자 나는 진실로 하나님의 거룩함을 느낄 수 있었다. 하지만 나는 하나님의 거룩함이 우리의 죄를 간과하도록 허락하지는 않는 것을 깨닫게 되었다. 성경은 죄의 결과에 대하여 정확하게 기록하고 있다.

> 죄의 삯은 사망이요 하나님의 은사는 그리스도 예수 우리 주 안에 있는 영생이니라 (로마서 6장 23절)

그러나 나와 당신의 죽음은 우리가 하나님께 빚진 것을

갚거나, 죄를 용서받는 데 있어서 아무런 역할을 할 수 없다. 동물의 희생 피나 인간의 어떠한 노력으로도 구원을 받을 수 없다. 우리의 죄에 대한 대가로 지불될 수 있는 유일한 희생이자 하나님과 우리를 화목하게 할 수 있는 것은, 예수님이 십자가에서 흘리신 완전한 보혈뿐이다.

희생 제사제도는 우리가 하나님과 화해하고 영적으로 교통해야 할 필요성에 대하여 가르쳐 주고 있다. 만약 자신의 죄 때문에 스스로 죽을 수 없고, 하나님과 분리된 상태로 살아갈 수 없다면, 죄인들의 죽음을 친히 담당할 대리자가 있어야 한다. 이것이 희생 제사제도가 가지고 있는 메시지의 핵심이다.

새 언약의 필요성

구약의 희생 제사제도가 가지고 있는 가장 불충분한 부분 중 하나는 그 제사가 계속 반복되어야 하는 일회적인 성격을 지니고 있는 것이다. 희생 제사가 죄를 용서받는 데 유효하다 하더라도, 다시 죄를 범하였다면 새로운 희생 제물을 제단에 드려야 한다. 그리스도가 흘리신 피의 희생 제물이 절대적으로 필요하다는 것에 대한 어떠한 설명도 다음과 같이 기록된 성경말씀보다 더 충분할 수는 없을 것이다.

저 첫 언약이 무흠하였더라면 둘째 것을 요구할 일이 없었으려니와 (히브리서 8장 7절)

이는 황소와 염소의 피가 능히 죄를 없이 하지 못함이라 그러므로 주께서 세상에 임하실 때에 이르시되 하나님이 제사와 예물을 원하지 아니하시고 오직 나를 위하여 한 몸을 예비하셨도다.... 위에 말씀하시기를 주께서는 제사와 예물과 번제와 속죄제는 원하지도 아니하고 기뻐하지도 아니하신다 하셨고 (이는 다 율법을 따라 드리는 것이라) 그 후에 말씀하시기를 보시옵소서 내가 하나님의 뜻을 행하러 왔나이다 하셨으니 그 첫째 것을 폐하심은 둘째 것을 세우려 하심이라 (히브리서 10장 4-5, 8-9절)

우리를 대신하여 죄의 대가로
지불된 예수님의 보혈

구약의 대제사장과 성막 제도는 피로써 정결한 의식을 행하는 것이었다. 대제사장은 매년 대속죄일에 피가 담긴 대야를 가지고 지성소에 들어가 피를 속죄소 앞에 뿌리는 일을 반복하였다. 이것은 예수님이 십자가 위에서 죽음을 통하여 하고자 하셨던 것에 대한 모형 또는 예표이다.

> 그러므로 하늘에 있는 것들의 모형은 이런 것들로써 정결하게 할 필요가 있었으나 하늘에 있는 그것들은 이런 것들보다 더 좋은 제물로 할지니라 그리스도께서는 참 것의 그림자인 손으로 만든 성소에 들어가지 아니하시고 바로 그 하늘에 들어가사 이제 우리를 위하여 하나님 앞에 나타나시고 (히브리서 9장 23-24절)

예수님의 십자가 죽음은 헤아릴 수 없을 정도로 수천 번 드려진 희생 제물이 된 동물의 피보다 더 우월하다.

> 여호와께서 천천의 숫양이나 만만의 강물같은 기름을 기뻐하실까 내 허물을 위하여 내 맏아들을 내 영혼의 죄로 말미암아 내 몸의 열매를 드릴까 (미가 6장 7절)

하나님과 사람 사이에서 중보자 역할을 한 그의 대제사장 사역은 구약의 모든 제사장이 한 것을 모아놓은 것보다 더 크다.

> 그리스도께서는 장래 좋은 일의 대제사장으로 오사 손으로 짓지 아니한 것 곧 이 창조에 속하지 아니한 더 크고 온전한 장막으로 말미암아 염소와 송아지의 피로 하지 아니하고 오직 자기의 피로 영원한 속죄를 이루사 단번에 성소에 들어가셨느니라 염소와 황소의 피와 및 암송아지의 재를 부정한 자에게 뿌려 그 육체를 정

결하게 하여 거룩하게 하거든 하물며 영원하신 성령으로 말미암아 흠 없는 자기를 하나님께 드린 그리스도의 피가 어찌 너희 양심을 죽은 행실에서 깨끗하게 하고 살아 계신 하나님을 섬기게 하지 못하겠느냐 이로 말미암아 그는 새 언약의 중보자시니 이는 첫 언약 때에 범한 죄에서 속량하려고 죽으사 부르심을 입은 자로 하여금 영원한 기업의 약속을 얻게 하려 하심이라

(히브리서 9장 11-15절)

    미국에서는 자신들의 서명이 들어간 계약만을 정당한 것으로 인정한다. 우리는 우리가 만든 계약서에 있는 서명을 확인한다. 우리는 줄곧 이러한 인증된 서류를 사용한다. 영적 의미에서 볼 때, 하나님은 피, 즉 그의 유일하신 아들 예수 그리스도의 보혈에 대하여 우리와 맺은 계약을 유효하고 정당하게 인증하고 있다.

    희생 제물의 피는 죄를 위한 화목 제물로 드려진 것이다. "그는 우리 죄를 위한 화목 제물이니 우리만 위할 뿐 아니요 온 세상의 죄를 위하심이라"(요한일서 2장 2절). "화목"은 화해하다, 노여움을 가라앉히다, 우호적 경향을 만든다라는 의미를 지닌다. 이것이 피의 희생 제물을 드리는 목적이며, 하나님의 의에 대한 요구를 충족시키는 것이다. 하나님은 우리를 향한 자신의 위대한 사랑으로 우리를 위하여 대가를 지불하신 것이다. 예수 그리스도의 보혈은 우리 죄의 대가를

'완전'하게 지불하셨다.

> 그리스도 예수 안에 있는 속량으로 말미암아 하나님의 은혜로 값 없이 의롭다 하심을 얻은 자 되었느니라 이 예수를 하나님이 그의 피로써 믿음으로 말미암는 화목제물로 세우셨으니 이는 하나님께서 길이 참으시는 중에 전에 지은 죄를 간과하심으로 자기의 의로우심을 나타내려 하심이니 곧 이 때에 자기의 의로우심을 나타내사 자기도 의로우시며 또한 예수 믿는 자를 의롭다 하려 하심이라 (로마서 3장 24-16절)

어떤 누구도 우리의 죄를 위하여 대가를 지불하고 용서받게 할 수 없었던 죄의 빚을 예수님이 어떻게 지불하였으며, 우리가 영원한 생명을 소유하게 하셨는가를 자세히 살펴보자.

갈보리의 역사적 의미

매년 수천만 명의 여행자들이 예루살렘을 방문하고 예수님이 걸으셨던 길을 순례한다. 일반적으로 여행 가이드는 여행자들을 예수님이 죽음에서 부활하신 곳으로 믿고 있는 동산 무덤으로 안내한다. 감람나무가 심겨진 정원을 돌아본 후, 예루살렘의 옛 도시의 거리들을 볼 수 있는 관망대를 향하여 올라간다.

딩신은 즉각적으로 관망내 왼쪽에 있는 언덕과 가파른 절벽에 관심을 갖게 된다. 절벽은 외형적으로 톱니처럼 들쭉날쭉한 여러 가지 모양을 갖고 있으며, 절벽의 어두운 그림자는 확실히 해골의 모습을 보여주고 있다. 가이드는 거기서 갈보리 또는 히브리어인 '골고다'의 의미를 설명한다.

예수님이 살던 때에, 갈보리에 대한 언급은 사람들, 특히 범죄자들의 마음에 두려움을 갖게 하였다. 왜냐하면 갈보리는 사형을 집행하는 곳이기 때문이다. 2,000년 전 외형상으로 조그만 언덕이었던 그 곳은 로마의 사형 제도에 있어 중요한 장소였다. 그곳은 로마 사람들이 사람을 죽이는 데 사용했던 가장 처참한 방식 중 하나인 십자가 틀로 사형을 집행하던 많은 장소 중 한 곳이었다. 사형 선고를 받은 죄인은 참을 수 없는 고통 속에서 수시간 또는 며칠 동안 그의 육체를 관통한 못에 의해서 하늘과 땅 사이에 매달려 있게 된다.

비교적 조그만 언덕 꼭대기는 거기에 장사된 사람들을 기념하기 위하여 세워진 다양한 기념물이 있는 공동묘지이다. 오늘날 히브리 사람들에게 있어서 갈보리는 죽은 사람을 장사했던 일반적인 장소이다. 이슬람 추종자들인 무슬림들은 그곳을 소선지자였던 예수가 이교도의 손에서 고통 받았던 곳으로 부르고 있다.

갈보리는 무신론주의자나 세속주의자에게 있어서 농담의

주제와 조소의 장소이다. 이성주의자에게 있어서 갈보리는 예수라는 이름을 지닌 역사적 인물이 죽은 장소에 불과하다. 그들은 모두 예수님의 죽음을 불행한 일로 받아들일 뿐, 영적인 중요성과 의미를 부여하지 않는다. 그들은 다음과 같이 설명하고 있다. "그는 결코 하나님의 아들이라고 볼 수 없다. 왜냐하면 하나님은 죽을 수 없는 존재이기 때문이다. 만약 예수의 시체가 발견되지 않았다면, 예수는 결코 죽지 않고 단지 크게 상처를 입었으나 후에 의식을 회복하거나, 그의 제자들이 그의 시체를 훔쳐서 숨겨 놓고 후에 예수가 부활하였다고 주장하는 것이다."

그러나 하늘에 계신 우리 아버지의 위대한 계획에 있어서 갈보리는 하나님과 인간 사이의 화해를 위해 세상을 변화시키기 위하여 만들어 놓은 곳이다. 그는 최고의 희생 제물이 드려질 단으로 작은 언덕을 선택하신 것이다. 하나님은 자신의 신성과 신비로운 지혜로 우리 죄를 완전하게 없애주시기 위하여 그곳을 하나님의 아들이 피를 뿌릴 장소로 만드신 것이다.

죄에서 사함을 얻고 하나님의 자녀로 선택받은 사람들에게 있어서 갈보리는 성지(거룩한 곳)이다. 하나님의 아들인 예수님이 모든 사람을 영원히 구속하기 위하여 희생의 대가를 치룬 곳이다. 갈보리는 예수님의 고난과 우리를 대신하여 완전한 희생 제물이 되어 주신 곳으로 영원히 기억된다.

예수님의 고통

영적 고뇌

나는 1장에서 하나님이 나에게 보여주신 십자가의 환상에 대하여 부분적으로 언급하였다. 또한 하나님은 죽음을 앞두고 저녁에 겟세마네 동산에서 기도하는 예수님을 보도록 허락하셨다. 성경은 다음과 같이 기록하고 있다.

> 예수께서 힘쓰고 애써 더욱 간절히 기도하시니 땀이 땅에 떨어지는 핏방울 같이 되더라 (누가복음 22장 44절)

> 이에 말씀하시되 내 마음이 매우 고민하여 죽게 되었으니 너희는 여기 머물러 나와 함께 깨어 있으라 하시고 (마태복음 26장 38절)

나는 그가 담당해야할 사명이 견디기 힘들 만큼 너무 무겁다는 것을 보고 느낄 수 있었다. 무거운 짐이 그의 어깨에 놓여 있었다. 나는 그분이 하나님의 아들이기 때문에 무거운 짐을 견딜 수 있었다고 믿는다. 그는 무거운 짐을 얼마나 잘 참았는가! 그러나 사람의 아들로서 그의 육체는 약했고, 십자가에 대한 스트레스가 그를 괴롭히기 시작했다, 이것은 단지 시작에 불과하였다. 그는 사형선고를 받을 뿐 아니라 십자가를 지기 전에 수많은 고통을 당해야 했다.

배신

나는 환상 중에 십자가와 관련된 중요한 많은 사람들을 만났다. 유다는 내가 환상 중에 보았던 가장 악한 사람이었다. 왜냐하면 그는 예수님의 제자로서 3년 반 동안 예수님과 함께 하였지만, 탐욕으로 인하여 배신자가 되었다. 유다는 단지 은 삼십에 예수님을 배신하고 그를 죽이려는 사람들에게 주님을 넘겨주었다. 성경은 가룟 유다의 마음에 사탄이 들어 왔다고 기록하고 있다.

> 열둘 중의 하나인 가룟인이라 부르는 유다에게 사탄이 들어가니
> (누가복음 22장 3절)

유다가 예수님을 배신한 방법은 무시무시하고 혐오감을 갖게 한다. 그는 성전의 우두머리인 대제사장, 장로들, 큰 백성의 무리를 직접 이끌고 예수님이 기도하고 있는 곳으로 왔다. 그가 예수님께 가까이 가서 입을 맞추었다. 예수님은 그에게 물었다.

> 예수께 입을 맞추려고 가까이 하는지라 예수께서 이르시되 유다
> 야 네가 입맞춤으로 인자를 파느냐 하시니 (누가복음 22장 48절)

하나님의 아들은 함께한 자 중에서 가장 가깝게 지냈던

자에 의해서 배신을 당한 것이다.

나는 또한 대제사장과 서기관들을 믿났다. 예수님이 십자가에서 죽기 전에 그들은 이미 예수님을 죽일 생각을 갖고 있었다고 성경은 기록하고 있다. "대제사장들과 서기관들이 예수를 무슨 방도로 죽일까 궁리하니 이는 그들이 백성을 두려워함이더라"(누가복음 22장 2절). 이스라엘 백성으로부터 경외와 존경을 받고 있는 종교 지도자들은 앞장서서 예수님을 죽이자고 요구하였다. 그들은 결국 예수님을 십자가에 못 박자고 외치는 피에 굶주린 수백 명의 무리 중에서 가장 앞장선 자들이다.

채찍에 맞고 조롱당함

나는 예수님이 고난당하는 또 다른 광경을 보았다. 그는 자신을 체포한 자들에 의해서 처참하게 매를 맞았다. 나는 종교 지도자들이 그리스도를 대제사장의 집에 데리고 가는 것을 보았다. 그들은 예수님을 심문하기 시작했다. 그들은 예수님의 눈을 가리고 손으로 때리면서 그에게 요구했다. "그의 눈을 가리고 물어 이르되 선지자 노릇 하라 너를 친 자가 누구냐 하고"(누가복음 22장 64절). 그들은 밤이 되도록 계속해서 예수님을 괴롭혔다.

새벽이 되었을 때, 종교 지도자들은 공회를 열었다. 그들은 예수님을 거짓으로 고소하고, 그가 신성 모독죄를 범하였다고 판결하였다. 그리고 그들은 예수님을 로마 총독인 빌라도에게 넘겨주었다.

빌라도는 예수가 갈릴리 사람이라는 것을 알고 그를 예루살렘에 있는 로마의 관료인 헤롯에게 보냈다. 왜냐하면 갈릴리는 헤롯의 법적 관할 지역에 속하였기 때문이다.

헤롯은 예수님을 희롱한 후 빛난 옷을 입혀 빌라도에게 다시 보냈다. 성경은 원수 관계에 있었던 빌라도와 헤롯이 그 날에 친구가 되었다는 사실을 기록하고 있다. "헤롯과 빌라도가 전에는 원수였으나 당일에 서로 친구가 되니라"(누가복음 23장 12절). 그들은 예수에게 분노를 발하는 데 있어서 악마와 같은 친구로 하나가 되었다.

잘못된 사형 선고

결국 빌라도는 종교 지도자와 군중 앞에 예수를 세웠다. 그는 예수가 죄가 없음을 확신하고 놓아주기를 원했다. 그러나 그럴 수 없었고, 그는 의를 행하고자 하는 요구와 백성의 뜻에 따르려는 요구 사이에게 괴로워한 것만은 틀림없다.

나는 빌라도가 군중 앞에서 그의 손을 올리자 주위에 정적이 흐르는 것을 보았다. 빌라도는 확실한 목소리로 자신이 예수를 어떻게 해야 하는지 군중에게 물었다. 대제사장은 군중을 선동하였다. 광란속으로 빠져든 군중과 백성은 큰 소리로 "그를 못 박아라!"라고 소리 질렀다.

그들이 다시 소리 지르되 그를 십자가에 못 박게 하소서

(마가복음 15장 13절)

빌라도는 예수의 죽음에 대한 책임을 회피하려는 허황된 생각에 대야에서 손을 씻은 후 "너희가 친히 데려다가 십자가에 못 박으라 나는 그에게서 죄를 찾지 못하였노라"(요한복음 19장 6절)라고 말하였다.

빌라도는 예수에게 사형을 선고한 후 십자가에 못 박도록 그를 내어주기 전에 채찍으로 때리도록 하였다. 로마 군인들은 잔인한 채찍을 들고 예수의 등을 포악하고 미친 듯이 내리쳤다.

잔인한 채찍

로마의 채찍은 가장 잔인한 처벌 도구이다. 범죄자들은 머리 위로 손이 묶인 상태로 서 있게 된다. 채찍질 하는 로마 군인들은 아주 능숙하고 잔인하게 채찍을 사용한다. 그들은 극도의 고통을 가하는 데 노련하다.

그들이 사용한 채찍은 9개의 끈을 단 채찍보다 약간 작지만, 일반적인 끈 대신 뾰족한 금속이나 날카로운 뼈 조각을 달은 가죽 끈이다. 채찍에 맞은 몸은 즉시 분노의 붉은 피로 물든다. 뾰족한 금속과 날카로운 뼈 조각들은 점점 몸 깊숙히 파고 들면서 부어오른 살을 찢어 떼어낸다. 채찍질이 멈

추었을 때, 찢겨진 살조각들이 등에 너덜하게 붙어 있고 상처마다 많은 피가 흘러 내린다.

조롱과 욕설

빌라도는 마침내 예수님을 사형 당하도록 내어 주었다. 로마 수비대 군인들은 예수를 둘러싸고 '유대인의 왕이여 평안할 지어다' 하면서 조롱하였다. 그들은 예수님의 옷을 벗기고 그의 어깨에 홍포를 걸치고, 손에 갈대를 쥐어 주었다. 나는 예수님을 괴롭히는 자들이 날카롭고 길쭉한 가시나무를 꼬아서 만든 무시무시한 관을 그에게 씌우는 것을 보았다. 그들은 거만하게 예수님 앞에 무릎을 꿇고 희롱하였다. 군인들은 욕설을 퍼붓고 침을 뱉으면서 예수님의 얼굴에 대고 소리질렀다.

나는 그들이 날카로운 가시 면류관을 예수님의 머리에 씌우고 강하게 눌렀을 때 경악을 금치 못했다. 그리고 군인 중 하나가 갈대를 손에 잡고 가시로 더 깊게 찔리고 있는 예수님의 머리를 때리고 있지 않은가! 성경은 이 무시무시한 광경을 자세히 기록하고 있다.

> 가시관을 엮어 그 머리에 씌우고 갈대를 그 오른손에 들리고 그 앞에서 무릎을 꿇고 희롱하여 이르되 유대인의 왕이여 평안할지어다 하며 그에게 침 뱉고 갈대를 빼앗아 그의 머리를 치더라 희

롱을 다 한 후 홍포를 벗기고 도로 그의 옷을 입혀 십자가에 못 박
으려고 끌고 나가니라 (마태복음 27장 29-31절)

빌라도와 헤롯은 예수님이 사형을 받을 만한 어떠한 죄도 범하지 않은 것을 알았을 때 예수님을 놓아 줄 기회를 가질 수 있었다. 그러나 그들은 군중의 의견에 동요되어 예수님을 놓아주지 못했다. 로마 군인들은 예수님을 조롱하였고 유대 종교 지도자들은 "그를 못 박으소서!"라고 소리쳤다. 로마 지도자들은 예수님에게 사형을 선고하였고 군중은 "그를 못 박으소서!"라고 외쳤다.

> 대제사장들과 장로들이 무리를 권하여 바라바를 달라 하게 하고 예수를 죽이자 하게 하였더니 총독이 대답하여 이르되 둘 중의 누구를 너희에게 놓아 주기를 원하느냐 이르되 바라바로소이다 빌라도가 이르되 그러면 그리스도라 하는 예수를 내가 어떻게 하랴 그들이 다 이르되 십자가에 못 박혀야 하겠나이다 빌라도가 이르되 어찜이냐 무슨 악한 일을 하였느냐 그들이 더욱 소리 질러 이르되 십자가에 못 박혀야 하겠나이다 하는지라
>
> (마태복음 27장 20-23절)

이 모든 것이 예수님이 십자가를 지시기 전에 이미 당하신 고통이었다. 예수님을 죽이는 일에 가담하여 광대같이 행

동한 무리를 생각할 때 나의 마음은 슬퍼진다. 대제사장, 서기관, 바리새인 그리고 산헤드린 공회가 모두 하나가 되어 로마 통치자로 하여금 예수님에게 사형 선고를 내리고 형을 집행하도록 만들었다. 그리고 그들은 예루살렘 거리에 있는 우매한 군중을 선동하여 예수님을 죽이라고 외치게 했다.

유대인과 이방인, 주인과 종, 통치자와 추종자들은 모두 하나가 되어 예수님을 죽이라고 요구하였다. 사람들은 때때로 예수님을 십자가에 못 박은 책임이 누구에게 있는가에 대하여 논쟁한다. 그러나 만약 당신이 범죄 사실을 확증하려고 시도할 경우, 당신은 다른 사람보다 유죄의 가능성이 더 많은 한사람 또는 집단을 발견하게 될 것이다. 당신은 유다, 빌라도, 산헤드린 공회원, 로마 사람, 군중을 모두 비난 할 수 있으나, 사실 우리는 그들과 예수님을 못 박는 일에 함께 참여한 것이다.

성경은 이것을 확실하게 증거하고 있다. 예수님이 십자가를 지신 것은 우리 모두의 죄값을 지불하기 위해서였다.

> 기록된 바 의인은 없나니 하나도 없으며 깨닫는 자도 없고 하나님을 찾는 자도 없고 다 치우쳐 함께 무익하게 되고 선을 행하는 자는 없나니 하나도 없도다 (로마서 3장 10-12절)

결코 한 개인이나 집단도 그리스도의 죽음에 대하여 다른 사람들보다 더 많은 책임이 있다고 말할 수 없다. 모든 사람이 죄를 범하였기 때문에, 모든 사람이 갈보리에서 흘리신 그리스도의 피에 대하여 책임을 져야 한다.

하나님이 십자가에 대하여 나에게 주신 환상은 나의 심령에 확실하고 영원토록 살아있을 것이다. 하나님이 직접 예수님이 죽으시는 모습을 나의 마음 속에 새겨 주셨다. 이토록 끔찍하고 무서운 일이 일어난지 벌써 2,000년이 지났다. 우리는 지금 2,000년 전의 이 엄청난 사건을 잊은 채 살고 있다. 그러나 나는 진실된 마음으로 당신과 내가 예수님을 죽이는 일에 실제로 가담했던 사람과 동일하게 예수님의 죽음에 책임이 있다고 인정한다.

못 박히심

많은 사람들이 가지고 있는 십자가 형에 대한 개념은 십자가에 달리신 예수님에 의해서 형성된 것이다. 그들은 예수님이 어떻게 죽었는지는 알고 있지만, 그 죽음이 얼마나 큰 고통을 수반하였는가에 대하여는 느낌이 없다.

나는 환상 중에 네 명의 병사가 예수님의 팔다리를 붙잡고, 다른 한 군사가 그의 몸을 십자가에 못 박는 것을 보았다. 예수님의 팔다리는 완전히 뻗어 있지 못한 상태로 있었으나 약간 움직일 수는 있었다. 후에 나는 이러한 모습에 불쌍하다는 감정을 갖기보다는 그의 고통이 얼마나 큰 것이었는가를 알게 되었다.

사람들이 십자가에 매달려 있을 때, 그의 체중은 손과 발에 박혀 있는 못에 의존할 수밖에 없게 된다. 체중이 그의 손을 박은 못에 실릴 때 참을 수 없는 고통을 받기 때문에 고통에서 벗어나고자 몸을 위로 끌어올리려고 한다. 그러나 이러한 행동은 그의 발에 박혀 있는 못의 고통을 증가시킨다. 고통이 심해지면 다시 손에 자신의 체중을 싣는다. 무시무시한 고통의 시간과 날들은 더 이상 견딜 수 없는 고통으로 다가온다.

예수님이 몸을 움직일 때마다 그의 등은 거칠고 쪼개진 십자가 표면에 의해 찢겨져 나가고 깊게 홈이 파이게 되었다. 거기에는 어떠한 위로와 위안도 없고, 단지 고통의 깊이만 더해가고 있다.

숨을 쉬도록 하는 신체의 일부분인 그의 가슴과 복부 근육은 십자가에 매달려 있는 동안에 어떻게 할 수 없을 정도로 빨리 마비되기 시작한다. 십자가에 매달린 사람이 할 수 있는 것은 숨을 계속 쉬기 위하여 계속해서 몸을 끌어올려 못에 몸을 지탱시키는 것이다.

결국, 십자가에서의 죽음은 보편적으로 숨이 막혀 질식하여 죽는 것이다. 시간이 지날수록 점점 힘을 잃게 되고 마지막 죽음의 공포가 엄습한다. 십자가에 매달린 사람은 극도로 지쳐서 더 이상 손에 박힌 못의 고통을 벗어나기 위하여 몸을 위로 올릴 수 없게 되고, 곧 숨이 멈춘다는 것을 알게 된다.

지금까지 언급한 모든 고통과 고난과 더불어 신체적인 죽음의 고통 속에서도 예수님이 당해야 하는 또 다른 조롱이 있었다.

> 이에 예수께서 이르시되 아버지 저들을 사하여 주옵소서 자기들이 하는 것을 알지 못함이니이다 하시더라 그들이 그의 옷을 나눠 제비 뽑을새 백성은 서서 구경하는데 관리들은 비웃어 이르되 저가 남을 구원하였으니 만일 하나님이 택하신 자 그리스도이면 자신도 구원할지어다 하고 군인들도 희롱하면서 나아와 신 포도주를 주며 이르되 네가 만일 유대인의 왕이면 네가 너를 구원하라 하더라 그의 위에 이는 유대인의 왕이라 쓴 패가 있더라 달린 행악자 중 하나는 비방하여 이르되 네가 그리스도가 아니냐 너와 우리를 구원하라 하되 (누가복음 23장 34-39절)

십자가에 못 박히는 과정이 여러 날 동안 계속 되었다. 관료들이 십자가에 못 박힌 사람의 죽음을 앞당기고 싶었다면, 그가 더 이상 못에 신체를 의지하거나 숨을 쉬지 못하게 하기 위하여 그의 다리를 부러뜨렸을 것이다. 예수님은 두 명의 죄수와 나란히 십자가에 못 박히셨으며, 종교 지도자들은 다음날에 지켜야 할 안식일 동안 그들의 시체가 십자가에 매달려 있기를 원하지 않았다. 그들은 빌라도에게 그들의 다리를 꺾어 달라고 요청하였다. 그가 동의하였고 군인들이 예수님께 가까이 갔으나 예수님이 이미 죽으신 것을 보고 다리를 꺾지 않았다.

> 이 날은 준비일이라 유대인들은 그 안식일이 큰 날이므로 그 안식일에 시체들을 십자가에 두지 아니하려 하여 빌라도에게 그들의 다리를 꺾어 시체를 치워 달라 하니 군인들이 가서 예수와 함께 못 박힌 첫째 사람과 또 그 다른 사람의 다리를 꺾고 예수께 이르러서는 이미 죽으신 것을 보고 다리를 꺾지 아니하고
> (요한복음 19장 31-33절)

예수님이 죽은 것을 확인하였으나, 로마 군인들은 창으로 그의 옆구리를 찌르자 그곳에서 피와 물이 나왔다. 이것은 확실히 죽었다는 표시이다. 성경은 우리에게 다음과 같이 말씀하고 있다.

> 이 일이 일어난 것은 그 뼈가 하나도 꺾이지 아니하리라 한 성경을 응하게 하려 함이라 또 다른 성경에 그들이 그 찌른 자를 보리라 하였느니라 (요한복음 19장 36-37절)

십자가의 두려움은 내가 환상 중에 보았던 무서운 고통보다 더 참혹했을 것이다. 우리는 항상 예수님이 우리를 위하

여 당하신 고통과 고난을 마음 속에 간직해야 한다. 그분의 죽음으로 우리는 죄 사함을 얻고 하나님과의 관계가 회복되었으며, 큰 기쁨을 누리고 영원한 생명을 얻었다.

무거운 죄의 짐을 지심

예수님은 자진해서 자신의 육체와 마음과 영혼으로 십자가의 고난을 담당하였다. 어떤 사람들은 예수님이 단지 육체적인 고통을 겪은 것으로 생각한다. 예수님이 참혹한 육체적 고통을 견디었으나, 이것은 그가 감당한 영적 고통에는 비할 수 없었다.

예수님은 십자가에 달려 있는 동안, 지금까지 이 땅에 살았던 모든 사람들의 죄를 대신 담당해야 하는 견딜 수 없는 무거움을 느꼈다. 예수 그리스도는 결코 죄가 없으시며, 십자가에 달리신 것은 인간의 모든 죄악을 친히 담당하셨기 때문이라는 사실을 우리는 기억해야 한다. 이것은 보통 사람으로서는 견딜 수 없는 큰 고통이었다. 하나님도 예수님이 십자가에 위에 있을 때는 아버지로서 그의 아들로부터 처음으로 물러나 계셨다. 예수님은 모든 사람들의 죄를 홀로 감당하셨던 것이다.

죄 사함의 조건을 다 이루신 예수님

값으로 측량할 수 없는 희생 제물

우리는 3장에서 옛 언약에 따라 희생 제물을 드리는 사람들은 자신의 소유 중에서 좋은 동물과 채소를 골라 드려야 하는 것을 보았다. 우리를 대신하여 최고의 희생 제물이 되어 주신 예수님은 자신에게 있는 가장 귀한 것을 드렸다. 그것은 바로 그의 생명이었다.

> 내가 내 목숨을 버리는 것은 그것을 내가 다시 얻기 위함이니 이로 말미암아 아버지께서 나를 사랑하시느니라 이를 내게서 빼앗는 자가 있는 것이 아니라 내가 스스로 버리노라 나는 버릴 권세도 있고 다시 얻을 권세도 있으니 이 계명은 내 아버지에게서 받았노라 하시니라 (요한복음 10장 17-18절)

예수님은 단순히 사람들의 미움과 시기와 질투에 의해서 희생되신 것이 아니다. 오히려 그는 우리를 위하여 의도적으로 기꺼이 자신의 생명을 '포기' 하신 것이다. 십자가는 하나님의 영원한 구원 계획의 중심에 있다. 하늘에 계신 우리 하나님은 갈보리의 십자가를 미리 보셨을 뿐 아니라, 그 계획을 이루셨다. 아무리 많은 힘과 권력을 가진 사람도 하늘에 계신 하나님의 허락과 그 아들 예수님의 자발적인 의지가 없이는 결코 하나님의 아들을 십자가에 못 박을 수 없다.

죄가 없는 희생 제물

우리는 모세의 율법에 따라 드리는 희생 제물은 흠 없는 것이어야 한다는 것을 기억하고 있다. 우리의 궁극적인 희생 제물이며 대속물이신 예수님은 정결하시고, 하나님 앞에서 죄가 없는 분이시다. 많은 성경말씀은 하나님과 사람들 앞에서 정결하고 거룩하신 것을 증명하고 있다.

> 너희 중에 누가 나를 죄로 책잡겠느냐 내가 진리를 말하는데도 어찌하여 나를 믿지 아니하느냐 (요한복음 8장 46절)

> 그는 죄를 범하지 아니하시고 그 입에 거짓도 없으시며
> (베드로전서 2장 22절)

> 그가 우리 죄를 없애려고 나타나신 것을 너희가 아나니 그에게는 죄가 없느니라 (요한일서 3장 5절)

예수님의 보혈은 완전하다. 그 피는 하나님의 독생자이시며, 하나님이시면서 사람이신 예수 그리스도의 보혈이다.

> 너희 안에 이 마음을 품으라 곧 그리스도 예수의 마음이니 그는

> 근본 하나님의 본체시나 하나님과 동등됨을 취할 것으로 여기지 아니하시고 오히려 자기를 비워 종의 형체를 가지사 사람들과 같이 되셨고 사람의 모양으로 나타나사 자기를 낮추시고 죽기까지 복종하셨으니 곧 십자가에 죽으심이라 (빌립보서 2장 5-8절)

그리스도의 보혈은 자신이 세상 모든 죄를 대신하여 스스로 드린 온전하고 완전한 희생 제물임을 보여주고 있다. 예수님의 모든 생활은 정결하여 어떠한 죄의 흠도 점도 없으시다. 그는 하나님께 절대 복종하였다. 그는 사람들의 죄가 사함을 받을 수 있도록 하나님이 열납하신 유일한 희생 제물이다.

> 너희가 알거니와 너희 조상이 물려 준 헛된 행실에서 대속함을 받은 것은 은이나 금 같이 없어질 것으로 된 것이 아니요 오직 흠 없고 점 없는 어린 양 같은 그리스도의 보배로운 피로 된 것이니라 그는 창세 전부터 미리 알린 바 되신 이나 이 말세에 너희를 위하여 나타내신 바 되었으니 (베드로전서 1장 18-20절)

성 밖에 버려진 희생 제물

예수님은 예루살렘 도시 밖에서 십자가에 못 박히심으로써 우리 모두의 속죄의 희생 제사를 이루셨다.

> 이는 죄를 위한 짐승의 피는 대제사장이 가지고 성소에 들어가고
> 그 육체는 영문 밖에서 불사름이라 그러므로 예수노 자기 피로써
> 백성을 거룩하게 하려고 성문 밖에서 고난을 받으셨느니라
>
> (히브리서 13장 11-12절)

역사적으로 가장 위대한 피의 희생이 2,000년 전에 갈보리의 십자가에서 일어난 것이다. 오직 예수님의 보혈만이 우리에게 영원한 생명의 피를 줄 수 있지 않은가! 그 날 예수님이 흘리신 보혈은 이 땅에 태어난 모든 죄인들을 구원하기에 충분하였으며 세상 끝날까지 보혈의 효력은 지속될 것이다.

대속의 희생 제물

예수님의 죽음이 속죄 제물의 조건을 충족시킨 또 다른 중요한 면은 완전한 대속의 특성에 있다. 그것은 의와 정의에 대한 하나님의 요구를 만족시키는 효과를 지니고 있다. 그의 보혈은 하나님의 요구를 완전하게 충족시키고 죄를 실제로 제거한다.

우리가 대속적 측면에서 예수 그리스도의 죽음을 이야기할 때, 예수 그리스도가 죄인의 '입장'(위치)에서 죽었다는 의미를 지닌다. 'evangelism'(복음전도)이라는 단어를 성경에서 볼 수 없는 것같이, 'substitutionary'(대속적)이라는 단어도 성경에서 발견할 수 없다. 그러나 대속의 개념은 성경

에서 반복적으로 나타나는 개념 중 하나이다.

예수님이 우리 죄를 대신하여 속죄물이 되었을 때, 그는 죄인의 위치에 놓여진 것이다. 하나님 아버지는 이미 예수님에 대한 이러한 계획을 가지고 계셨다.

> 하나님이 죄를 알지도 못하신 이를 우리를 대신하여 죄로 삼으신 것은 우리로 하여금 그 안에서 하나님의 의가 되게 하려 하심이라
>
> (고린도후서 5장 21절)

다시 말해서, 우리 구주 예수 그리스도의 죽음은 범죄에 대한 징벌이나 순교자의 죽음이 아니다. 그것은 대속적 죽음이다.

> 그리스도께서도 단번에 죄를 위하여 죽으사 의인으로서 불의한 자를 대신하셨으니 이는 우리를 하나님 앞으로 인도하려 하심이라 육체로는 죽임을 당하시고 영으로는 살리심을 받으셨으니
>
> (베드로전서 3장 18절)

예수님은 어떠한 죄도 없으신 분이시다. 그분은 우리를 위하여, 우리의 위치에서, 우리를 대신하여 죽으신 것이다. 그는 우리가 받아야 할 모든 징벌을 친히 담당하시면서 죽으신 것이다.

히브리서 9장 5절에서, 하나님이 임재하는 곳을 지칭하는 헬라어로 번역된 성막 안에 있는 "mercy seat"(속죄소)라는 단어는 'propitiation'(속죄)에 사용되었던 단어와 동일 의미를 지닌다. 따라서 율법이 죄의 대가로 죽음을 요구하는 면에서 두 단어가 동일하게 사용되는 것은 적절하다. 그리고 피가 속죄소에 부어진 것은 죽음이 이루어졌으며, 충분한 대가가 지불되었다는 것을 보여주고 있다.

예수님이 흘리신 보혈의 희생 제물은 우리의 죄를 완전하게 씻어내고 새 생명을 주시기에 부족함이 없다.

> 이 뜻을 따라 예수 그리스도의 몸을 단번에 드리심으로 말미암아 우리가 거룩함을 얻었노라 그가 거룩하게 된 자들을 한 번의 제사로 영원히 온전하게 하셨느니라 (히브리서 10장 10, 14절)

성경말씀이 우리에게 주는 가장 중요한 교훈 중 하나는 예수님의 대속적 보혈의 효과를 잘 보여주고 있는 유월절 사건에서 찾을 수 있다. 하나님 말씀에 순종하기를 거부한 애굽의 반역은 결국 하나님이 애굽의 모든 처음 난 것들의 생명을 거두시는 결과를 초래했다. 이스라엘의 처음 태생한 아이들을 죽음에서 보호하시고자 하시는 하나님의 계획을 유월절이라고 부른다.

모든 히브리인 가족들은 양을 잡아서 그 피를 출입문 위와 집 좌우 문설주에 발랐다. 신약시대 전에 오랜 세월 동안, 십자가 표시가 죽음의 저주를 궁지에 몰아넣는데 효과가 있다고 간주되었다.

수백 년 동안 유대인 가족들은 자신들을 구원하기 위하여 하나님이 계획하시고 행하신 놀라운 능력의 역사를 항상 회상하면서 매년 유월절을 지켰다. 그들이 유월절을 기념할 때마다 하나님의 능력을 깨달은 것과는 상관없이, 유월절은 하나님의 어린 양이 모든 사람을 위해 보혈을 흘릴 것이라는 것을 효과적으로 예표하고 있는 것이다.

영적으로 말하면, 예수님의 보혈은 영적 죽음과 하나님의 분노로부터 인간을 구원하는 데 있어서 우리 모두에게도 동일하게 적용될 수 있다. 예수님이 그의 제자들에게 떡을 떼는 것과 잔을 마시는 것에 대한 중요성을 가르치셨던 마지막 만찬은 매년 지키고 있는 유월절과 관련하여 동일한 의미를 지니고 있다고 말할 수 있다. 예수님이 요단강에서 요한에게 세례를 받으실 때 요한은 예수님을 "세상 죄를 지고 가는 하나님의 어린 양"(요한복음 1장 29절)이라고 불렀다. 사도 바울은 고린도전서 5장 7절에서 예수님을 유월절 양이라고 기록하고 있다.

> 너희는 누룩 없는 자인데 새 덩어리가 되기 위하여 묵은 누룩을 내버리라 우리의 유월절 양 곧 그리스도께서 희생되셨느니라

(고린도전서 5장 7절)

예수 그리스도의 십자가는 오늘도 죽음의 권세를 물리친다. 첫 유월절이 이스라엘 백성이 구원받은 것을 기념하듯이, 오늘날 보혈은 하나님의 사랑과 용서 그리고 죄의 권세와 심판으로부터 우리를 구원하신 것을 보여준다. 예수님이 우리의 유월절 양이 되어주신 것에 대하여 하나님께 찬양과 영광을 돌린다.

예수님의 죽음은 단번에 드려진 영원한 희생 제물

성경은 예수 그리스도가 "단번"에 자신을 희생 제물로 드리셨다는 것을 말하고 있다.

> 이 뜻을 따라 예수 그리스도의 몸을 단번에 드리심으로 말미암아 우리가 거룩함을 얻었노라 (히브리서 10장 10절)

이것은 예수님의 죽음이 더 이상 반복될 필요가 없다는 점에서 율법에 따라서 반복해서 드려진 희생 제사와 다르다는 것을 의미한다. 예수님은 영원히 세상의 모든 죄를 위하여 희생 제물이 되어주신 것이다. 구원은 완성된 것이다. 따라서 예수님의 희생으로 인한 구원과 예수 그리스도에게 우리의 생명을 맡기는 믿음만이 필요하다.

> 그리스도께서는 참 것의 그림자인 손으로 만든 성소에 들어가지 아니하시고 바로 그 하늘에 들어가사 이제 우리를 위하여 하나님 앞에 나타나시고 대제사장이 해마다 다른 것의 피로써 성소에 들어가는 것같이 자주 자기를 드리려고 아니하실지니 그리하면 그가 세상을 창조한 때부터 자주 고난을 받았어야 할 것이로되 이제 자기를 단번에 제물로 드려 죄를 없이 하시려고 세상 끝에 나타나셨느니라 한번 죽는 것은 사람에게 정해진 것이요 그 후에는 심판이 있으리니 이와 같이 그리스도도 많은 사람의 죄를 담당하시려고 단번에 드리신 바 되셨고 구원에 이르게 하기 위하여 죄와 상관없이 자기를 바라는 자들에게 두 번째 나타나시리라
>
> (히브리서 9장 24-28절)

예수님에 의해서 이루어진 새 언약은 일시적인 것이 아니라 영원한 것이다.

> 제사장마다 매일 서서 섬기며 자주 같은 제사를 드리되 이 제사는 언제나 죄를 없게 하지 못하거니와 오직 그리스도는 죄를 위하여 한 영원한 제사를 드리시고 하나님 우편에 앉으사 그 후에 자기

원수들을 자기 발등상이 되게 하실 때까지 기다리시나니 그가 거룩하게 된 자들을 한 번의 제사로 영원히 온전하게 하셨느니라....또 그들의 죄와 그들의 불법을 내가 다시 기억하지 아니하리라 하셨으니 이것들을 사하셨은즉 다시 죄를 위하여 제사 드릴 것이 없느니라 (히브리서 10장 11-14절, 17-18절)

일곱 번 피를 뿌리는 희생 제사

나는 그리스도의 죽음에 대한 환상 중에 예수님이 완전한 희생 제물로 피를 흘리시는 데 있어서 구약의 희생 제사와 다른 점을 발견하였다. 레위기를 읽으며 나는 호기심이 생겼다.

그는 또 수송아지의 피를 가져다가 손가락으로 속죄소 동쪽에 뿌리고 또 손가락으로 그 피를 속죄소 앞에 일곱 번 뿌릴 것이며

(레위기 16장 14절)

나의 결론은 구약의 희생 제사제도가 신약의 예수님의 희생을 예표하기 때문에, 나는 이 의식이 예수님이 고난과 고통 중에서 우리를 대신하여 피를 일곱 번 뿌린 것과 비유된다는 것이다.

땀처럼 흐르는 피

첫째, 예수님은 자신의 죽음을 앞두고 겟세마네 동산에서 아버지께 기도할 때 땀을 핏방울같이 뿌렸다. 예수님은 하나님 아버지께 기도하였다. "이르시되 아버지여 만일 아버지의 뜻이거든 이 잔을 내게서 옮기시옵소서 그러나 내 원대로 마시옵고 아버지의 원대로 되기를 원하나이다 하시니"(누가복음 22장 42절). 온전하시고 죄가 없으신 예수님의 육체가 우리를 위하여 죄인의 몸이 되었을 때, 그는 두렵고 떨면서 온 힘을 다해 몸부림쳤다. "예수께서 힘쓰고 애써 더욱 간절히 기도하시니 땀이 땅에 떨어지는 핏방울같이 되더라"(누가복음 22장 44절).

얼굴을 얻어 맞음

둘째, 예수님이 얼굴을 맞았을 때 피를 뿌리신 것이다. "이에 예수의 얼굴에 침 뱉으며 주먹으로 치고 어떤 사람은 손바닥으로 때리며"(마태복음 26장 67절). 선지자 미가는 이것을 예언했다. "딸 군대여 너는 떼를 모을지어다 그들이 우리를 에워쌌으니 막대기로 이스라엘 재판자의 뺨을 치리로다"(미가 5장 1절). 선지자 이사야는 예수님이 받은 학대를 "전에는 그의 모양이 타인보다 상하였고 그의 모습이 사람들보다 상하였으므로 많은 사람이 그에 대하여 놀랐거니와"(이사야 52장 14절)라고 기록하고 있다. 하나님은 나에게 피로 완전히 덮혀 있는 예수님의 얼굴을 보여 주었다.

채찍에 맞음

셋째, 로마 군인들이 분노의 채찍으로 예수님의 등을 칠 때, 예수님은 그의 소중한 피를 뿌렸다. "이에 바라바는 그들에게 놓아 주고 예수는 채찍질하고 십자가에 못 박히게 넘겨 주니라"(마태복음 27장 26절). 이사야 선지자는 메시아에 대하여 "나를 때리는 자들에게 내 등을 맡기며 나의 수염을 뽑는 자들에게 나의 뺨을 맡기며 모욕과 침 뱉음을 당하여도 내 얼굴을 가리지 아니하였느니라"(이사야 50장 6절)라고 예언했다.

가시로 머리를 찔림

넷째, 군인들이 그의 머리에 가시관을 씌우고 갈대로 그의 머리를 때릴 때 피를 뿌리셨다. 커다란 가시가 그의 육체를 찌르자 그의 머리가 붉은 피로 넘쳤다. "가시관을 엮어 그 머리에 씌우고 갈대를 그 오른손에 들리고 그 앞에서 무릎을 꿇고 희롱하여 이르되 유대인의 왕이여 평안할지어다 하며 그에게 침 뱉고 갈대를 빼앗아 그의 머리를 치더라"(마태복음 27장 29-30절).

수염을 뽑힘

다섯째, 더 큰 모욕과 괴롭힘은 예수님을 잡은 자들이 그의 수염을 뽑은 것이다. 이사야는 "나를 때리는 자들에게 내 등을 맡기며 나의 수염을 뽑는 자들에게 나의 뺨을 맡기며 모욕과 침 뱉음을 당하여도 내 얼굴을 가리지 아니하였느니라"(이사야 50장 6절)라고 예언하였다.

십자가에 못 박힘

여섯째, 예수님은 십자가에 못 박힐 때 피를 뿌렸다. 또, 고통 중에 소리쳤다. "개들이 나를 에워쌌으며 악한 무리가 나를 둘러 내 수족을 찔렀나이다"(시편 22편 16절). 그가 십자가에 매달려서 우리를 위하여 자신의 모든 것을 내어 놓았을 때 그의 손과 발에서 죄없는 피가 흘러내렸다.

창으로 찔림

마지막으로, 예수님은 군인들이 죽은 것을 확인하기 위하여 창으로 그의 옆구리를 찔렀을 때 귀중한 피를 뿌렸다. "그 중 한 군인이 창으로 옆구리를 찌르니 곧 피와 물이 나오더라"(요한복음 19장 34절). 이것은 예언대로 성취된 것이다. "내가 다윗의 집과 예루살렘 주민에게 은총과 간구하는 심령을 부어 주리니 그들이 그 찌른 바 그를 바라보고 그를 위하여 애통하기를 독자를 위하여 애통하듯 하며 그를 위하여 통곡하기를 장자를 위하여 통곡하듯 하리로다"(스가랴 12장 10절).

계속되는 이야기

십자가에서 죽음을 맞이한 모든 사람들의 이야기는 그의 심장이 멈추었을 때 끝을 맺는다. 시체를 거두어 장사 지내는 것 이외에 어떤 것도 남아 있지 않는다. 그러나 그리스도는 다른 사람들과 달랐다. 그는 하나님의 아들이었다. 그러나 사람의 몸으로 오신 그는 다른 사람이 지니고 있는 인간의 조건을 동일하게 갖고 있었다. 예수님은 인간의 육체를 입고 오신 하나님이시다. 하나님이신 그는 세상을 창조할 때 이미 존재하였으며 모든 창조 사역에 동참하였다.

> 태초에 말씀이 계시니라 이 말씀이 하나님과 함께 계셨으니 이 말씀은 곧 하나님이시니라 그가 태초에 하나님과 함께 계셨고 만물이 그로 말미암아 지은 바 되었으니 지은 것이 하나도 그가 없이는 된 것이 없느니라 (요한복음 1장 1-3절)

예수님을 통하여 모든 별들이 질서 있게 제 위치에 놓이고 모든 위성이 태양 주위에 배치되었다. 그는 말씀으로 창공을 창조하시고 물을 육지에서 분리시켰다. 그를 통하여 땅에 식물이 자라고 나무들이 열매를 맺는다. 그는 아버지가 아담이 깊이 잠든 것을 보시고 아담의 갈비뼈를 취하여 여자를 만드신 것을 보았다.

예수님은 죄가 세상에 들어온 비참한 광경을 보셨으며, 인류의 죄를 위한 속죄물로 자신을 드리기 위하여 이 땅에 기꺼이 오신 것이다. 이것이 그가 세상에 오신 목적이다. 이 목적을 위하여 그는 이 땅에서 생활하였다. 이 목적을 위하여 그는 우리를 위해 자신의 생명을 바쳤으며, 영광스럽게 부활하신 것이다.

예수님의 피는 "말한다"

성경은 "새 언약의 중보자이신 예수와 및 아벨의 피보다 더 나은 것을 말하는 뿌린 피니라"(히브리서 12장 24절)라고 기록하고 있다. 우리는 가인이 아벨을 죽였을 때, 하나님이 그에게 하신 말씀을 기억해야 한다. "이르시되 네가 무엇을 하였느냐 네 아우의 핏소리가 땅에서부터 내게 호소하느니라"(창세기 4장 10절). 아벨의 피는 보복을 확실하게 부르짖고 있다. 그러나 예수님의 피는 복수보다 "더 나은 것"을 말하고 있다.

더 나은 것은 무엇을 의미하는가? 그의 피는 긍휼, 용서, 화해를 말한다. 예수님의 형제이며 예수님이 십자가에서 죽은 모든 사건을 직접 보았던 요한은 다음과 같이 기록하고 있다.

> 긍휼을 행하지 아니하는 자에게는 긍휼 없는 심판이 있으리라 긍휼은 심판을 이기고 자랑하느니라 (야고보서 2장 13절)

예수님의 보혈을 말할 때,
- 어지러운 마음이 안정 되고
- 상한 심령이 치유되고
- 의심으로 가득한 마음이 평온해지고
- 두렵고 떨리던 마음이 평안해 진다

그리스도의 보혈은 하늘의 지성소가 있는 "휘장 안"에 있는 우리에게 말한다. "우리가 이 소망을 가지고 있는 것은 영혼의 닻 같아서 튼튼하고 견고하여 휘장 안에 들어 가나니"(히브리서 6장 19절). 예수님의 긍휼의 보혈은 하나님의 보좌 주위에 있는 천사들의 목소리보다 더 감미롭고 크고 영광스럽게 들리는 소리이다.

그의 보혈은 당신의 모든 죄가 이 땅에서 당신을 탄원하는 것보다 하늘에서 당신을 위해 더 큰 소리로 간구하고 있다.

예수는 영원히 계시므로 그 제사장 직분도 갈리지 아니하느니라 그러므로 자기를 힘입어 하나님께 나아가는 자들을 온전히 구원하실 수 있으니 이는 그가 항상 살아 계셔서 그들을 위하여 간구하심이라 (히브리서 7장 24-25절)

예수님 보혈의 능력

예수님의 보혈은 "뿌린 피"이다. "새 언약의 중보자이신 예수와 및 아벨의 피보다 더 나은 것을 말하는 뿌린 피니라"(히브리서 12장 24절). 데이비드 윌커슨은 다음과 같이 말한다.

이것은 육체적으로 뿌려진 피라기보다는 율법적, 영적인 교류이다. 예수님은 우리의 믿음에 대하여 우리의 심령에 피를 뿌리신다. 그리고 우리가 갈보리에서 이루어진 그의 희생의 능력을 진심으로 믿을 때에만 예수님의 피가 우리 영혼에게 영향을 미칠 수 있다.

이것은 우리가 용서, 평화, 구원을 누리도록 예수님의 피가 우리의 심령과 생활에 능력으로 역사하고 계신 것을 의미한다. 예수님의 보혈이 우리의 심령 속에서 역사하지 않는다면 우리에게 실질적인 유익이 없다. 이것은 유월절 양의 피가 문과 문설주에 뿌려지지 않았다면, 애굽에 있는 이스라엘 사람들에게 아무 유익이 되지 못한 것과 같다. 하나님은 자기 백성들에게 양의 피에 대하여 말씀하셨다. "내가 애굽 땅을 칠 때에 그 피가 너희가 사는 집에 있어서 너희를 위하여 표적이 될지라 내가 피를 볼 때에 너희를 넘어가리니 재앙이 너희에게 내려 멸하지 아니하리라"(출애굽기 12장 13절).

나는 우리 모두가 구주 예수 그리스도의 희생으로 인하여 하나님의 위대한 구속적 사랑이 이루어졌다는 것을 눈으로 보고 받아들이는 지혜가 있기를 간절히 원한다. 오늘날, 많은 사람들은 구약 희생 제사제도의 중요한 핵심인 피 뿌리는 것에 대하여 혐오감을 갖고 바라볼 뿐 아니라, 그리스도의 보혈에 관한 신약의 가르침에 대하여도 동일한 거부감을 갖고 있다. 그들은 그리스도 보혈의 필요성과 능력을 강조하는 찬송이나 복음송을 거부하고 질색한다. 그들은 보혈의 능력을 강조하는 설교자를 싫어한다.

그리스도가 흘린 보혈을 멸시하는 자들은 눈이 멀어 하나님의 말씀, 하나님의 거룩함, 죄의 악독과 잔인한 특성을 볼 수 없다. 죄는 무시무시한 것으로서 과감한 치료를 필요로 한다. 예수님의 대속적 죽음만이 생명을 구하는 수단이다.

예수 그리스도의 신성을 부인하는 교단을 설립한 자들은 살아 있는 예수님의 혈관에 있는 피보다 갈보리에서 흘린 피가 더 효력이 있다는 것을 인정하지 않는다. 그러나 우리는 피흘림의 중요성을 알고 있다. "율법을 따라 거의 모든 물건이 피로써 정결하게 되나니 피흘림이 없은즉 사함이 없느니라"(히브리서 9장 22절). 예수님의 피로만 우리가 생명을 얻을 수 있기 때문에 예수님의 피는 뿌려진 것이다.

존귀한 어린 양

하늘의 환상을 보고 있을 때, 나는 하늘의 천사들이 예수님에 대하여 외치는 소리를 들었다. "큰 음성으로 이르되 죽임을 당하신 어린 양은 능력과 부와 지혜와 힘과 존귀와 영광과 찬송을 받으시기에 합당하도다 하더라"(요한계시록 5장 12절). 그리스도의 죽음으로 인한 위대한 역사로 인하여 하늘에 소리가 울려 퍼지고 기쁨이 넘쳤다.

큰 소리와 찬양 가운데에서 하나님의 사람들이 노래하는 소리를 들었다. 이것은 내가 들은 것 중 가장 웅장하고 감동이 넘치고, 가장 아름다운 선율이 담긴 찬양 소리였다. 그것은 전 우주에 흐르는 솟구치고 파도치고 울려퍼지는 "물 소리" 같았다. "또 내가 들으니 허다한 무리의 음성과도 같고 많은 물 소리와도 같고 큰 우렛소리와도 같은 소리로 이르되 할렐루야 주 우리 하나님 곧 전능하신 이가 통치하시도다"(요한계시록 19장 6절). 아름다운 노래가 모든 구석까지 퍼졌다. 그들이 무슨 노래를 불렀을까?

그들이 새 노래를 불러 이르되 두루마리를 가지시고 그 인봉을 떼기에 합당하시도다 일찍이 죽임을 당하사 각 족속과 방언과 백성과 나라 가운데에서 사람들을 피로 사서 하나님께 드리시고 그들로 우리 하나님 앞에서 나라와 제사장들을 삼으셨으니 그들이 땅에서 왕 노릇 하리로다 하더라 (요한계시록 5장 9-10절).

이와 마찬가지로 성도들이 수세기 동안 큰 기쁨으로 노래했던 목소리가 옛 찬송가의 가사에 절실하게 표현되어 있다.

찬송
구주의 음성을 나는 들었네
작고 연약한 어린아이에게 능력을 주노라
나를 바라보고 기도하면 내 안에 있는 모든 것을 얻으리라

추하고 더러운 나를 은혜로 부르셨네
갈보리 어린 양의 보혈로 나의 옷은 희게 씻겼네

예수님이 내 모든 빚을 갚아주셨네
주홍빛같이 붉은 내 죄는 떠나고
나를 눈같이 희게 씻기셨네

하나님께 찬양할지어다. 어린 양 보혈의 영원한 능력을!

5. 새 언약과 보혈

이로 말미암아 그는 새 언약의 중보자시니 이는 첫 언약 때에 범한 죄에서 속량하려고 죽으사 부르심을 입은 자로 하여금 영원한 기업의 약속을 얻게 하려 하심이라 (히브리서 9장 15절)

그리스도의 완전한 희생으로 새로운 계약이 하나님과 그의 백성 사이에 만들어졌다. 모세가 시내 산에서 이스라엘 백성에게 오랜 세월 동안 피를 뿌렸던 옛 언약은 새 언약으로 대체되었으며, 새 언약은 예수 그리스도가 갈보리 언덕에서 흘리신 피에 의해서 이루어진 것이다.

히브리서 저자는 주님께서 새 언약에 대하여 예레미야 선지자에게 예언한 것을 그대로 다시 기록하고 있다.

그들의 잘못을 지적하여 말씀하시되 주께서 이르시되 볼지어다 날이 이르리니 내가 이스라엘 집과 유다 집과 더불어 새 언약을 맺으리라 또 주께서 이르시기를 이 언약은 내가 그들의 열조의 손을 잡고 애굽 땅에서 인도하여 내던 날에 그들과 맺은 언약과 같지 아니하도다 그들은 내 언약 안에 머물러 있지 아니하므로 내가

> 그들을 돌보지 아니하였노라 또 주께서 이르시되 그 날 후에 내가 이스라엘 집과 맺을 언약은 이것이니 내 법을 그들의 생각에 두고 그들의 마음에 이것을 기록하리라 나는 그들에게 하나님이 되고 그들은 내게 백성이 되리라 (히브리서 8장 8-10절)

새 언약은 하나님의 말씀에 대한 외적인 순종보다는 하나님과 그의 말씀을 향한 내적 사랑이다. 더 나아가 우리가 예수 그리스도를 내 삶의 주인과 구주로 믿고 그분께 헌신할 때, 신실하신 하나님이 항상 약속하신대로 이루어주실 것을 확신하게 된다. 그분은 우리의 하나님이 될 것이며, 우리는 그의 백성이 될 것이다.

예수님은 "이것은 죄 사함을 얻게 하려고 많은 사람을 위하여 흘리는 바 나의 피 곧 언약의 피니라"(마태복음 26장 28절)라고 말씀하셨다. 우리와 함께 하신다는 하나님의 약속은 예수님의 피로 이루어진 것이다. 예수님의 보혈이 없었다면, 언약이 정당성과 유효성을 갖지 못하고 공허한 것이 되었을 것이다. 예수님의 보혈로 인하여 우리는 새 언약의 모든 약속을 받은 것이다. 성경은 하나님이 그리스도 안에 있는 우리에게 주신 것이 무엇인가를 보여주는 증거이다. 다음 장에서 우리는 예수님의 보혈을 통하여 우리가 받은 축복이 무엇인가를 살펴보고자 한다.

우리의 대제사장이신 예수님

예수님은 우리 죄를 대신하여 드려진 희생 제물일 뿐 아니라, 하나님의 지성소에 자신의 거룩한 피를 드리는 대제사장이시다.

> 그러나 이제 그는 더 아름다운 직분을 얻으셨으니 그는 더 좋은 약속으로 세우신 더 좋은 언약의 중보자시라 (히브리서 8장 6절)

히브리서 저자는 그리스도가 중보자의 역할을 담당하신 것을 확실하게 보여주고 있다. 성경은 보혈로 인한 새 언약과 새로운 구원자의 우월성을 설명하고 있다.

> 염소와 송아지의 피로 하지 아니하고 오직 자기의 피로 영원한 속죄를 이루사 단번에 성소에 들어가셨느니라 염소와 황소의 피와 및 암송아지의 재를 부정한 자에게 뿌려 그 육체를 정결하게 하여 거룩하게 하거든 하물며 영원하신 성령으로 말미암아 흠 없는 자기를 하나님께 드린 그리스도의 피가 어찌 너희 양심을 죽은 행실에서 깨끗하게 하고 살아 계신 하나님을 섬기게 하지 못하겠느냐 (히브리서 9장 12-14절)

새 언약은 단순히 죄를 덮는 것이 아니다. 그것은 우리 안에 있는 죄를 깨끗하게 씻어주고, 평안과 기쁨으로 하나님을 위해 살 수 있도록 자유를 주었다.

하나님이 십자가 위에서 죽어가는 예수님의 환상을 나에게 주셨을 때, 나는 그의 피가 죽어가는 동물의 피처럼 쏟아내는 것을 보았다. 나는 붉은 피로 흠뻑 젖어 있는 예수님의 옷가지를 보았다. 그의 온 몸에서 피가 흐르는 것을 보았다. 얼마나 많은 피를 흘렸는가! 예수님이 마지막 숨을 거둘 때, 천사들이 내려와서 피를 담아 하나님께 가져가는 것을 보았다.

나는 그들 중 하나에게 "당신은 지금 무엇을 하고 있습니까?"라고 물었다. 천사는 다음과 같이 말했다. "우리는 피를 하늘로 옮기는 것이다. 이것은 세상 죄를 위하여 하나님께 드려진 희생 제물이다." 수천 명의 천사들이 그의 피를 하늘로 옮기고 있는 것처럼 보였다. 복의 주인되시고 십자가에서 못 박히신 우리의 대제사장이신 예수님이 자신의 보혈을 속죄소에 드린 것이다. 그가 세상에서 흘린 피는 나와 그를 믿는 다른 모든 사람을 위한 속죄의 피로서 뿌려진 것이다.

성막 제도는 영적 세계의 그림자에 불과하지만, 예수님은 하늘에 있는 지성소, 하나님이 계시는 참된 지성소에 들어가신 것이다. 예수님은 "더 좋은 제물"로 드려진 것이다. "그러므로 하늘에 있는 것들의 모형은 이런 것들로써 정결하게 할 필요가 있었으나 하늘에 있는 그것들은 이런 것들보다 더 좋은 제물로 할지니라"(히브리서 9장 23절). 예수님의 속죄의 피와 자신은 온전한 희생 제물이다. 구약의 모든 희생 제사와 제물은 예수님 안에서 성취되었고 완성된 것이다.

예수님은 구약의 대제사장이 이스라엘 백성을 위하여 한 것처럼 그의 백성들을 대신하여 하나님의 보좌로 나아간 것이다. "그러므로 자기를 힘입어 하나님께 나아가는 자들을 온전히 구원하실 수 있으니 이는 그가 항상 살아 계셔서 그들을 위하여 간구하심이라"(히브리서 7장 25절). 우리가 예수님께 우리를 온전히 맡길 때, 그분은 우리 안에 살아있는 죄의 능력을 완전하게 처리해 주신다. 그의 속죄의 보혈은 하나님의 공의를 충족시켜 주었으며, 우리는 그의 피를 통하여 용서함을 받은 것이다.

대제사장이신 예수님과 옛 언약에 따라 직분을 담당했던 대제사장 사이에 큰 차이가 있다. 이스라엘의 대제사장은 지성소에 머물 수 없었다. 간단한 희생 제사를 드린 후 그는 성소를 떠나야 한다. 그가 떠난 후에 성막과 지성소를 분리했던 휘장이 다시 쳐지게 되고, 내년까지 들어오는 것을 막는다.

그러나 예수님이 십자가에 자신을 희생 제물로 드렸을 때, 성소 휘장이 위에서 아래로 찢어졌다고 성경은 기록하고 있다. "이에 성소 휘장이 위로부터 아래까지 찢어져 둘이 되고 땅이 진동하며 바위가 터지고"(마태복음 27장 51절). 이것은 예수 그리스도가 이 땅에 오심으로 인하여 새 언약이 옛 언약을 대신하고 있음을 증거하는 것이다.

옛 언약과 새 언약의 이러한 비교는 그리스도의 대제사장 사역에 대한 깊이 있는 연구를 통하여 더 확실하게 이루어진다. 히브리서 7-9장까지에서는 대제사장의 다양한 사역과 대제사장으로서 예수님이 하늘에 들어간 것과 하늘 속죄소 앞으로 희생 제물, 즉 보혈을 옮겨간 것에 대하여 이야기하고 있다. 예수님이 이루신 완성된 사역을 아름답게 묘사하고 있다. 나는 환상 중에 예수님이 가장 거룩한 하늘 성소에 들어가는 것을 보았다. 그는 흔들리거나 주저하지 않았다. 그는 담대하게 하늘 제단에 나아가 자신의 피를 부었다. 이것은 그의 최후의 마지막 행동이었다.

영원한 대가가 지불된 것이다. 세상으로부터 죽임을 당한 어린 양이 세상의 모든 죄를 한번에 영원히 담당하신 것이다. 지금 예수님은 신실하시고 긍휼이 넘치는 대제사장으로 계시며, 그의 희생 제사의 사역은 완성된 것이다. 그의 보혈로 인하여 인간은 구원받을 수 있게 된 것이다. "그가 자기 영혼의 수고한 것을 보고 만족하게 여길 것이라 나의 의로운 종이 자기 지식으로 많은 사람을 의롭게 하며 또 그들의 죄악을 친히 담당하리로다"(이사야 53장 11절).

우리의 대제사장은 중보자와 중재자로서 역할을 담당하기에 충분한 자격을 지녔다. 그는 우리가 하나님께 갈 수 있는 "새로운 살 길"을 열어놓으셨다. "그 길은 우리를 위하여 휘장 가운데로 열어 놓으신 새로운 살 길이요 휘장은 곧 그의 육체니라"(히브리서 10장 20절). 그의 죽음으로 인하여 우리는 지금 하늘 아버지의 아들과 딸로 살아가고 있다. 그리고 우리는 그의 은혜를 얻기 위하여 담대히 보좌 앞으로 나아갈 수 있게 되었다. "그러므로 우리는 긍휼하심을 받고 때를 따라 돕는 은혜를 얻기 위하여 은혜의 보좌 앞에 담대히 나아갈 것이니라"(히브리서 4장 16절). 그의 중보 사역의 은혜가 지금 우리 앞에 놓여져 있다. 우리는 "기도하는 즐거운 시간"을 경험할 수 있다.

하나님의 보좌 앞으로 나아갈 수 있도록 인도하여 주시는 대제사장이 우리와 함께 계신 것을 깨달았을 때 큰 위로를 받게 된다. 계속해서 우리를 대항하고 하나님께 나아가지 못하도록 막는 "참소자"가 있다는 것을 깨달았을 때 더 큰 위로가 된다. "내가 또 들으니 하늘에 큰 음성이 있어 이르되 이제 우리 하나님의 구원과 능력과 나라와 또 그의 그리스도의 권세가 나타났으니 우리 형제들을 참소하던 자 곧 우리 하나님 앞에서 밤낮 참소하던 자가 쫓겨났고"(요한계시록 12장 10절). 그리스도는 하나님 앞에서 우리를 변호하신다.

> 그러므로 그가 범사에 형제들과 같이 되심이 마땅하도다 이는 하나님의 일에 자비하고 신실한 대제사장이 되어 백성의 죄를 속량하려 하심이라 그러므로 함께 하늘의 부르심을 받은 거룩한 형제들아 우리가 믿는 도리의 사도이시며 대제사장이신 예수를 깊이

생각하라 그는 자기를 세우신 이에게 신실하시기를 모세가 하나님의 온 집에서 한 것과 같이 하셨으니

(히브리서 2장 17절, 3장 1-2절)

그리스도는 "충신과 진실"이기 때문에, 나는 그분을 믿는다. "또 내가 하늘이 열린 것을 보니 보라 백마와 그것을 탄 자가 있으니 그 이름은 충신과 진실이라 그가 공의로 심판하며 싸우더라"(요한계시록 19장 11절). 그분은 승리자이기 때문에, 내가 사악한 유혹에서 벗어나도록 도와줄 수 있다. 그분은 내가 그의 얼굴을 찾도록 간절하게 나를 부르시기 때문에, 나는 담대하게 그를 향하여 나의 마음을 연다. 보혈로 그의 사역을 완성한 대제사장은 나에게 구원, 자유, 용서, 능력을 주셨다.

하나님의 새 언약의 백성들

새 언약을 통하여 하나님은 우리를 새 언약의 백성으로 삼아주셨다. 자신을 대신하여 속죄물이 되어주신 예수님을 믿는 데 있어서는 유대인이나 이방인이나 더 이상 구별이 없다. 대신 하나님의 새 사람은 창조된 것으로 바울은 다음과 같이 기록하고 있다. "거기에는 헬라인이나 유대인이나 할

레파나 무할례파나 야만인이나 스구디아인이나 종이나 자유인이 차별이 있을 수 없나니 오직 그리스도는 만유시요 만유 안에 계시니라"(골로새서 3장 11절). "그는 우리의 화평이신지라 둘로 하나를 만드사 원수 된 것 곧 중간에 막힌 담을 자기 육체로 허시고"(에베소서 2장 14절).

성경은 하나님이 자신과 교회와의 관계를 매우 중요하게 생각하고 계신 것을 보여주고 있다. 교회는 그의 마음 속 뒷전에 있거나 사람이 만든 것이 아니다. 교회는 하나님의 계획 안에 있으며, 예수 그리스도의 보혈로 사신 것이다.

이 진리는 바울이 에베소 교인들에게 보낸 사도행전 20장 28절의 간청에서 확실하게 볼 수 있다. "여러분은 자기를 위하여 또는 온 양 떼를 위하여 삼가라 성령이 그들 가운데 여러분을 감독자로 삼고 하나님이 자기 피로 사신 교회를 보살피게 하셨느니라"(사도행전 20장 28절).

세상 사람들이 교회에 대하여 비난을 하거나, 소위 기독교인이라고 자부하는 사람들이 교회에 봉사하는 것을 소홀히 한다 할지라도 낙심치 말라. 교회는 하나님의 계획에 의해서 이루어진 것이며 구주의 보혈로 사신 것이다. 어떤 누구도 교회를 사신 어린 양의 보혈을 생각하지 않고는 교회의 의미와 성격을 완전히 이해할 수 없다.

하나님의 영적 가족

오늘날 우리는 '교회'라는 단어를 다양한 의미로 사용하고 있다. 기독교인을 비기독교인과 구분하거나, 교단(감리교, 하나님의 교회, 침례교 등)을 표시할 때 사용한다. 또한 예배하기 위하여 사람들이 모이는 건물을 지칭하기도 한다. 가끔은 우주적이거나 지역적인 의미를 지니기도 한다. 우리가 교회를 다양하게 정의하기 때문에 교회의 진정한 의미가 가끔 모호해진다.

교회는 하나님의 영적 가족의 공동체이다. 교회는 세상 죄를 지고 죽으신 어린 양의 보혈로 산 그리스도인의 공동체이다. 교회는 영원한 계획 속에서 시작되었으며, 문자적이고 실제적인 교회는 예수님이 제자들을 모으고 가르치고, 하나님의 일을 하도록 세상 속으로 보낼 때 시작된 것이다. 교회는 오순절 날에 가시적인 실재로 빛을 발했다.

교회라는 단어는 신약성경에 여러 번 나타난다. 거의 대부분 신자들의 공동체와 관련되어 사용되었다. 어떤 경우에는 보편적인 개념이나 우주적인 교회로 지칭되기도 하였다. 오늘날 우리는 모든 시간과 역사를 초월하고, 산자나 죽은자나 예수님을 믿는 모든 사람이 속하여 있는 예수님의 몸으로 교회의 의미를 부여한다. 예수님의 몸에 속한 사람들은 어린 양의 보혈로 하나님 가족의 일원이 된 것이다.

교회는 하나님이 친히 제정하신 것이면서 또한 인간이 구성한 것이다. 교회가 신적 작정 기관이라는 것은 예수님의 말씀에 기초한다. "또 내가 네게 이르노니 너는 베드로라 내가 이 반석 위에 내 교회를 세우리니 음부의 권세가 이기지 못하리라"(마태복음 16장 18절). 또한 인간이 구성한 것이라는 측면은 바울이 교회 구성에 대하여 논의했던 말씀에서 찾을 수 있다. "우리는 하나님의 동역자들이요 너희는 하나님의 밭이요 하나님의 집이니라"(고린도전서 3장 9절). 중요한 것은 교회는 성령님이 그리스도를 믿는 자들을 연합시켜 하나가 된 것에서 존재하게 되었다는 것이다.

교회는 교회의 주인이 명령하신 사역을 감당하도록 소명 받은 사람들이 모인 곳이다. 복음이 선포되고 하나님께 예배하며, 성령님이 예배하는 자들 속에서 역사하고, 세례식과 성찬식이 행해지는 곳이 바로 교회이다. 그리고 교회에 모인 사람들은 "평안의 매는 줄로 성령이 하나 되게 하신 것을 힘써 지키라."(고린도전서 4장 3절)는 말씀에 순종해야 한다.

교회에 대한 계시

신약성경에는 교회의 본질에 대한 계시들이 다양하게 기록되어 있다. 교회의 본질과 특성을 정의하기 위하여 성경에 기록된 이름들과 비유들을 생각한다면, 하나님의 새 언약의 백성인 우리들은 교회를 향한 하나님의 신비롭고 선하신 계획을 충분히 이해할 수 있다.

신부로서의 교회

첫째, 교회는 그리스도의 신부이다. 이러한 묘사는 여호와와 결혼한 하나님의 백성에 관한 구약의 관점을 완성시킨 것이다. 신부에 대한 이미지는 그리스도와 교회 사이에 존재하는 사랑스럽고 특별한 관계를 보여 준다. 에베소서 5장 25절의 말씀은 이러한 관계를 놀랄 정도로 명확하게 정의하고 있다. "남편들아 아내 사랑하기를 그리스도께서 교회를 사랑하시고 그 교회를 위하여 자신을 주심 같이 하라"(에베소서 5장 25절).

성경이 기록될 당시 동방에서는, 신랑이 여자와 결혼할 특권을 갖기 위해서 신부의 가족들에게 대가를 지불해야 하는 관습이 있었다. 이와 관련하여 신기하고 놀라운 진리는 그리스도가 그의 신부인 교회에 대가를 지불하였는데, 그 대가가 바로 자신의 소중한 피였다는 사실이다.

그리스도의 몸으로서의 교회

신약성경에 나타난 교회에 대한 가장 친숙한 묘사 중 하나는 교회가 그리스도의 몸이라는 것이다. "그는 몸인 교회의 머리시라 그가 근본이시요 죽은 자들 가운데서 먼저 나신 이시니 이는 친히 만물의 으뜸이 되려 하심이요"(골로새서 1장 18절). 사도 바울은 자주 이러한 교회 이미지를 기록하였다. "또 만물을 그의 발 아래에 복종하게 하시고 그를 만물 위에 교회의 머리로 삼으셨느니라 교회는 그의 몸이니 만물 안에서 만물을 충만하게 하시는 이의 충만함이니라"(에베소서 1장 22-23절). "몸은 하나인데 많은 지체가 있고 몸의 지체가 많으나 한 몸임과 같이 그리스도도 그러하니라"(고린도전서 12장 12절).

이러한 유추는 몸의 기능을 수행하도록 지혜와 명령을 주는 곳이 머리라는 사실을 확인하게 한다. 이러한 이상적인 관계가 피의 대가를 지불하신 분과 피 값으로 산 교회 사이에 존재해야 한다. 그리스도의 보혈은 그의 몸된 교회에 생명을 주셨다.

사람들은 어떻게 하나가 또 다른 것이 될 수 있느냐고 물으면서, "몸"이 "신부"라는 생각에 대하여 반대한다. 이러한 반대는 하나님의 관점에서 남편과 아내가 "한 몸"이라는 것을 기억한다면 해결될 수 있다. "말씀하시기를 그러므로 사람이 그 부모를 떠나서 아내에게 합하여 그 둘이 한 몸이 될지니라 하신 것을 읽지 못하였느냐"(마태복음 19장 5절). 교회를 신부로서 묘사한 것은 사랑의 메시지를 전달해 준다. 이것은 그리스도의 몸이 생명의 소식을 전해 준 것과 같다.

포도가지, 양떼, 산 돌로서의 교회

신약성경에는 교회에 대한 다양한 유추들을 많이 보여주고 있다. 예수님은 포도나무요, 우리는 가지이다. "나는 포도나무요 너희는 가지라 그가 내 안에 내가 그 안에 거하면 사람이 열매를 많이 맺나니 나를 떠나서는 너희가 아무 것도 할 수 없음이라"(요한복음 15장 5절). 예수님은 목자요, 우리는 양들이다. "또 이 우리에 들지 아니한 다른 양들이 내게 있어 내가 인도하여야 할 터이니 그들도 내 음성을 듣고 한 무리가 되어 한 목자에게 있으리라"(요한복음 10장 16절). 예수님은 기초 돌이요, 우리들은 세워진 집이다. "사람에게는 버린 바가 되었으나 하나님께는 택하심을 입은 보배로운 산 돌이신 예수께 나아가 너희도 산 돌 같이 신령한 집으로 세워지고 예수 그리스도로 말미암아 하나님이 기쁘게 받으실 신령한 제사를 드릴 거룩한 제사장이 될지니라"(베드로전서 2장 4-5절).

교회에 대한 모든 비유는 한 가지 공통점을 갖는다. 그것은 교회는 모두 살아 있다는 것이다. 예를 들면, 베드로는 교회를 "산 돌"이라고 불렀다. 교회는 살아서 움직이는 유기체라는 것은 중요한 진리이다.

새 언약은 새 생명에 관한 것이며, 영적 생명은 그리스도의 보혈로 얻어진 것이다.

6. 피의 경계의 능력

내가 애굽 땅을 칠 때에 그 피가 너희가 사는 집에 있어서 너희를 위하여 표적이 될지라 내가 피를 볼 때에 너희를 넘어가리니 재앙이 너희에게 내려 멸하지 아니하리라 (출애굽기 12장 13절)

우리가 그리스도 안에서 얻은 구원은 그의 보혈이 우리를 영원히 보호해 주시는 것을 포함하고 있다. 우리가 보호하여 주심을 간구할 때, 예수님이 속죄 제물이 되어 주사 우리와 우리 가족을 지켜 주실 것을 믿는다. 천사들이 즉시 우리를 감싸주고 보호해 준다. 피에 의한 언약을 통하여 우리는 보호받는 울타리를 소유하게 되었다. 이것을 나는 "피의 경계"라고 부른다.

하나님의 가족을 구분하는 피의 경계

먼저 피의 경계가 갖고 있는 특성을 살펴보자. 첫째, 피의 경계는, 구분하는 선으로 영적으로 말하면, 예수님의 보혈을 믿는 자와 하나님으로부터 분리되고 떨어져 있는 자를 구분하는 경계선이다. 하늘에 계신 아버지가 예수님의 보혈이 우리의 심령 속에서 역사되는 것을 보실 때, 우리가 하나님의 권속임을 온 천하에 알리신다. 오직 그리스도의 보혈만이 믿는 자를 하나님으로부터 분리된 곳에서 구원하신다.

당신이 피의 경계를 건너기 전까지, 결코 구원의 소망을 가질 수 없다. 당신이 예수님의 속죄의 피를 믿을 때에만 보혈의 보호를 받을 수 있다.

피의 경계에 의한 분열과 구분

십자가는 하나님과 사람, 사람들을 하나로 묶는 위대한 능력을 갖고 있으나, 인간 관계에 심각한 분열을 일으키기도 한다. 구원자와 구원받은 자의 관계는 몸과 피가 같은 어떤 인간관계보다 더 중요하다. 한 사람이 신자이고 다른 사람은 불신자일 때, 그들 사이에 일어나는 영적 분열은 매우 심각하다. 때때로 이러한 분열은 가족 안에서 조차도 갈등을 일으킨다.

> 내가 세상에 화평을 주러 온 줄로 생각하지 말라 화평이 아니요 검을 주러 왔노라 내가 온 것은 사람이 그 아버지와 딸이 어머니

> 와 며느리가 시어머니와 불화하게 하려 함이니 사람의 원수가 자기 집안 식구리라 아버지나 어머니를 나보다 더 사랑하는 자는 내게 합당하지 아니하고 아들이나 딸을 나보다 더 사랑하는 자도 내게 합당하지 아니하며 (마태복음 10장 34-37절)

예수님은 또한 지금까지 살았던 모든 남녀와 아이들이 예수 그리스도의 보혈에 의해서 설정된 경계를 경험할 것이라고 말씀하신다.

> 인자가 자기 영광으로 모든 천사와 함께 올 때에 자기 영광의 보좌에 앉으리니 모든 민족을 그 앞에 모으고 각각 구분하기를 목자가 양과 염소를 구분하는 것 같이 하여 (마태복음 25장 31-32절)

그 날에 피의 경계는 우리 모두를 구분할 것이다!

피의 경계에 의해서 구분된 좋은 사례는 이미 앞 장에서 살펴본 애굽에 살았던 이스라엘 백성들의 이야기에서 찾을 수 있다. 모세는 바로에게 이스라엘 백성이 하나님께 예배할 수 있도록 광야로 나가는 것을 허락하라고 말하면서 아홉 번이나 하나님의 명령을 전달하였다. 바로가 모세의 말을 거부할 때마다 애굽에 재앙이 임하였다. 애굽인이나 이스라엘 백성이 처음 3가지 재앙에 있어서는 똑같이 고난을 겪었다. 그러나 네 번째 재앙에 있어서는 달랐다.

그 날에 나는 내 백성이 거주하는 고센 땅을 구별하여 그곳에는 파리가 없게 하리니 이로 말미암아 이 땅에서 내가 여호와인 줄을 네가 알게 될 것이라 내가 내 백성과 네 백성 사이를 구별하리니 내일 이 표징이 있으리라 하셨다 하라 하시고(출애굽기 8장 22-23절)

피의 경계에 의한 보호

피의 경계는 또한 보호를 상징한다. 그리스도의 보혈은 하나님의 목전에 영원히 놓여져 있으며, 우리가 그 밑에 있는 동안에는 안전하다. 애굽에 내린 마지막 10번째 재앙은 모든 가정에서 처음 태어난 것을 죽이는 것이다. 특별한 이 날 저녁의 공포는 참을 수 없을 정도로 압도적이었다. 성경은 다음과 같이 기록하고 있다.

> 밤중에 여호와께서 애굽 땅에서 모든 처음 난 것 곧 왕위에 앉은 바로의 장자로부터 옥에 갇힌 사람의 장자까지와 가축의 처음 난 것을 다 치시매 그 밤에 바로와 그 모든 신하와 모든 애굽 사람이 일어나고 애굽에 큰 부르짖음이 있었으니 이는 그 나라에 죽임을 당하지 아니한 집이 하나도 없었음이었더라
>
> (출애굽기 12장 29-30절)

그러나 이스라엘 가족들은 보호를 받았으며, 긍휼과 사랑이 넘치는 하나님은 그의 백성들에게 무시무시한 재앙을 피할 수 있는 길을 열어주셨다. 이것이 피를 뿌리면서 지켰던 첫 번째 유월절이었다. 우리는 그들이 하나님의 명령에 순종한 것을 알고 있다. "이스라엘 자손이 물러가서 그대로 행하되 여호와께서 모세와 아론에게 명령하신 대로 행하니라"(출애굽기 12장 28절). 하나님의 명령은 유월절 어린 양을 죽여서 문설주와 문 좌우에 어린 양의 피를 뿌리라는 것이었다.

주님은 죽음의 천사가 애굽 사람들을 덮을 것이나 이스라엘 사람의 집은 넘어가리라고 이스라엘 백성들에게 친히 말씀하셨다.

> 내가 애굽 땅을 칠 때에 그 피가 너희가 사는 집에 있어서 너희를 위하여 표적이 될지라 내가 피를 볼 때에 너희를 넘어가리니 재앙이 너희에게 내려 멸하지 아니하리라 (출애굽기 12장 13절)

피는 이스라엘 백성들을 하나님 보시기에 불순종한 애굽 사람들로부터 분리시켰다.

이것이 이스라엘 백성들에게 주는 가장 확실한 의미는 "피의 경계를 넘지 말라 그렇지 않으면 너는 보호받을 수 없다."는 것이다. 이와 마찬가지로, 하나님은 죽음의 천사들에게 "피의 경계를 넘지 말라!"라고 명령하셨다. 이스라엘 백성들은 하나님의 말씀을 믿고 유월절 어린 양의 피를 자신들과 죽음의 천사 사이에 놓았다.

유월절은 하나님이 이스라엘이 국가적으로 지켜야 할 절기 중 주님께 드린 첫 번째 절기이다. 그리고 하나님이 베푸신 구원을 기억하면서 이 절기를 영원히 지키라고 말씀하셨다.

> 내가 애굽 땅을 칠 때에 그 피가 너희가 사는 집에 있어서 너희를 위하여 표적이 될지라 내가 피를 볼 때에 너희를 넘어가리니 재앙이 너희에게 내려 멸하지 아니하리라 너희는 이 날을 기념하여 여호와의 절기를 삼아 영원한 규례로 대대로 지킬지니라 너희는 이레 동안 무교병을 먹을지니 그 첫날에 누룩을 너희 집에서 제하라 무릇 첫날부터 일곱째 날까지 유교병을 먹는 자는 이스라엘에서 끊어지리라 너희에게 첫날에도 성회요 일곱째 날에도 성회가 되리니 너희는 이 두 날에는 아무 일도 하지 말고 각자의 먹을 것만 갖출 것이니라 너희는 무교절을 지키라 이 날에 내가 너희 군대를 애굽 땅에서 인도하여 내었음이니라 그러므로 너희가 영원한 규례로 삼아 대대로 이 날을 지킬지니라 첫째 달 그 달 열나흗날 저녁부터 이십일일 저녁까지 너희는 무교병을 먹을 것이요 이레 동안은 누룩이 너희 집에서 발견되지 아니하도록 하라 무릇 유교물을 먹는 자는 타국인이든지 본국에서 난 자든지를 막론하고 이스라엘 회중에서 끊어지리니 너희는 아무 유교물이든지 먹지 말고 너희 모든 유하는 곳에서 무교병을 먹을지니라 (출애굽기 12장 13-20절)

오늘날, 유월절 양이신 그리스도가 우리를 위하여 희생제물이 된 것을 알고 있다. "너희는 누룩 없는 자인데 새 덩어리가 되기 위하여 묵은 누룩을 내버리라 우리의 유월절 양 곧 그리스도께서 희생되셨느니라"(고린도전서 5장 7절). 죽음과 죄악의 권세보다 더 강력한 것은 바로 하나님의 어린 양의 보혈이 아닌가!

내가 그리스도의 피 옆에 계신 주님을 보았을 때, 그는 나에게 어린 양의 보혈에 힘입어 아버지, 아들, 성령께 기도하고 내 주위에 있는 모든 것을 바치도록 촉구했다. 그는 십자가를 지고 하늘에서 내려오는 천사에 대한 환상을 말하였다. 내가 교회, 건물, 집, 어린아이 그리고 모든 것을 주님께 드리고 나서 천사를 볼 수 있었다. 또한 어린 양의 피가 원형 또는 선의 형태로 온 땅을 덮었으며, 사탄은 그 경계를 넘지 못했다. 하나님이 피의 경계에 대한 진리를 나에게 보여 주셨을 때 자유의 계시가 나에게 다가왔다.

이스라엘 백성이 하나님과 맺은 옛 언약에서, 이스라엘 백성들은 하나님의 법을 지킬 때 하나님이 높여주시고 축복하여 주시겠다는 확실한 약속을 받았다. 신명기 28장에 기록되어 있다. 그러나 하나님의 말씀에 불순종할 때, 하나님의 징계가 임한다. 우리는 새롭고 더 좋은 언약을 받았다.

여호와의 말씀이니라 보라 날이 이르리니 내가 이스라엘 집과 유다 집에 새 언약을 맺으리라 이 언약은 내가 그들의 조상들의 손을 잡고 애굽 땅에서 인도하여 내던 날에 맺은 것과 같지 아니할 것은 내가 그들의 남편이 되었어도 그들이 내 언약을 깨뜨렸음이라 여호와의 말씀이니라 그러나 그 날 후에 내가 이스라엘 집과 맺을 언약은 이러하니 곧 내가 나의 법을 그들의 속에 두며 그들의 마음에 기록하여 나는 그들의 하나님이 되고 그들은 내 백성이 될 것이라 여호와의 말씀이니라 (예레미야 31장 31-33절)

하나님이 당신의 삶 속에서 보혈의 능력이 나타나는 것을 보았다면, 그것은 하나님이 당신을 지켜주고 보호해 주고 계시기 때문이다. 피의 경계는 하나님을 전적으로 의지하며 믿는 자를 보호하는 방어선이다. 피의 경계가 애굽에서 이스라엘 백성들을 지켜주셨듯이, 그리스도의 보혈의 경계가 당신과 나를 안전하게 보호해 주실 것이다. 하나님 자신이 그에게 순종하는 백성들이 문에 뿌린 피를 매우 소중한 것으로 생각한다면, 사탄이 하나님의 자녀들 속에 역사하는 하나님 독생자의 보혈을 보았을 때 그들에게 뿌려진 보혈의 경계에 대하여 얼마나 큰 존경심을 갖겠는가!

피의 경계에 따른 구원

첫 유월절 식사를 급하게 함께 먹으라는 하나님의 명령은 특별한 의미를 지니고 있다. "너희는 그것을 이렇게 먹을지니 허리에 띠를 띠고 발에 신을 신고 손에 지팡이를 잡고 급히 먹으라 이것이 여호와의 유월절이니라"(출애굽기 12장 11절).

하나님은 그의 백성들을 구원할 계획을 빨리 이루고자 하셨다. 문설주에 바른 피가 이스라엘 백성의 집 안에 있는 것들을 보호하는 동안 피를 다 흘린 양의 고기를 구어서 먹었다. 곧바로 먼 길을 떠나야 된다는 생각 속에서 식사를 급하게 했다. 하나님은 죽음의 그림자가 애굽 전체를 빠르게 도는 것만큼이나 이스라엘을 빨리 구원하셨다.

나는 그날 저녁 온 이스라엘의 집에 평화, 보호, 만족감이 가득했다고 믿는다. 사람들은 식사를 충분히 하고, 신을 신고 등에 짐을 지고 앉아서 기다렸다. 양의 피가 뿌려진 문의 경계 안에서 출발하라는 모세의 명령을 기다리고 있었다.

반면에 저녁 식사를 준비하고 있었던 애굽 사람의 집 안에서 무방비 상태인 문을 통하여 갑자기 죽음이 들이닥쳤다.

그 밤에 바로와 그 모든 신하와 모든 애굽 사람이 일어나고 애굽에 큰 부르짖음이 있었으니 이는 그 나라에 죽임을 당하지 아니한 집이 하나도 없었음이었더라 밤에 바로가 모세와 아론을 불러서 이르되 너희와 이스라엘 자손은 일어나 내 백성 가운데에서 떠나 너희의 말대로 가서 여호와를 섬기며 너희가 말한 대로 너희 양과 너희 소도 몰아가고 나를 위하여 축복하라 하며 애굽 사람들은 말하기를 우리가 다 죽은 자가 되도다 하고 그 백성을 재촉하여 그 땅에서 속히 내보내려 하므로(출애굽기 12장 30-33절)

피의 경계가 생명과 죽음을 갈라놓은 것이다. 이스라엘 백성들의 문에 뿌려진 유월절 양의 피가 그들을 구원한 것이다. 피가 없었다면, 이스라엘 백성들은 첫 태생의 죽음으로 애굽 사람처럼 큰 슬픔의 고통에 빠졌을 것이다. 피가 없었다면, 약속의 땅으로 향하지 못하고 무덤을 전전하였을 것이다.

하나님의 유월절 양인 예수 그리스도의 보혈을 통하여 우리는 죄와 고통에서 구원받은 것이다. 양의 보혈이 이 땅에서 더 이상 회복을 바랄 수 없을 정도로 육체적, 정서적, 정신적 절망의 노예가 된 사람들의 심령 속에 역사한다면, 그들은 구원을 얻고 표현할 수 없는 자유를 얻을 것이다.

십자가는 하나님의 보호가 있는 구원과 평화의 장소로 우리를 인도하는 문이다. 나는 당신이 마음 속에 그리스도를 영접하고, 그의 보혈의 경계 안에 있는 안식처를 발견하도록 간절히 소원한다.

보혈에 호소함

나는 이장을 "피에 호소함"의 의미를 설명하면서 결론을 맺고자 한다. 하나님은 나에게 십자가의 중요성과 우리를 보호하고 지켜주는 피 언약을 보여주셨다. "예수님의 피에 호소"은 단순한 표어가 아니다. 그것은 법적인 의미를 지니고 있다. 이것은 예수님이 십자가에서 행하신 사역이 특별한 상황 또는 사람에게만 법적으로 적용된다는 것을 의미한다. 보혈의 능력은 하나님을 의지하고, 기도하고, 하나님의 언약을 믿음으로 받아들일 때에 주어지는 것이다. 우리가 사람들을 위하여 기도하고, 보혈이 그들에게 임했다는 것을 하나님이 보여주실 때, 우리는 "나는 하나님의 언약, 즉 예수님의 보혈로 당신을 보호합니다!"라고 말해야 한다.

우리는 결코 양의 피를 부끄럽게 생각해서는 안된다. 우리가 예수 그리스도의 보혈로 당신을 보호하는 것은, 곧 그가 흘린 피로 인하여 우리가 하나님과의 새 언약을 맺을 수 있었다는 것을 주장하는 것이다. 또한 전능하신 하나님이 천국에서 우리를 내려다 보시고, 살펴주시고, 보호해 주신다는 의미이다. 이것은 우리가 예수 그리스도의 언약의 피로 인하여 자녀들을 위하여 기도할 수 있고, 그들을 보호할 수 있는 것을 의미한다. 사탄은 예수의 이름 앞에서 떨며, 양의 피 앞에서 도망간다.

피에 호소하는 것은 우리로 하여금 하나님의 능력과 섭리에 담대하고 확신으로 나아갈 수 있도록 한다. "그러므로 형제들아 우리가 예수의 피를 힘입어 성소에 들어갈 담력을 얻었나니 그 길은 우리를 위하여 휘장 가운데로 열어 놓으신 새로운 살 길이요 휘장은 곧 그의 육체니라"(출애굽기 10장 19-20절).

예를 들어, 사탄이 우리가 이미 용서받은 과거에 지은 죄의 기억으로 우리를 고통스럽게 할 때, 우리 자신을 위하여 예수님의 피에 호소할 수 있다. 이렇게 하는 것은 그리스도의 희생과 그의 피로 인하여 하나님이 이미 우리 죄를 용서해 주셨다는 것을 우리와 사탄에게 상기시켜 준다. "또 우리 형제들이 어린 양의 피와 자기들이 증언하는 말씀으로써 그를 이겼으니 그들은 죽기까지 자기들의 생명을 아끼지 아니하였도다"(요한계시록 12장 11절). 나는 "증언의 말씀"은 바로 보혈의 능력을 믿는 것을 의미한다고 확신한다.

비참한 상황과 원수의 공격을 받을 때, 보혈을 의지하는 신자들은 그리스도 보혈의 능력과 권위를 얻을 수 있다. 우리가 보혈을 의지할 때, 우리를 대신하여 죽으신 예수님의 무한한 능력을 깨닫고 증거하게 된다. 사탄을 물리치기 위해서는 예수 그리스도의 피에 굳게 서서 보혈의 능력을 선포하는 것이 절대적으로 필요하다! 다음 장에서는 우리 삶 속에 역사하는 보혈의 능력에 대한 특별한 면을 살펴보고자 한다.

7. 보혈과 구원

> 그러면 이제 우리가 그의 피로 말미암아 의롭다 하심을 받았으니 더욱 그로 말미암아 진노하심에서 구원을 받을 것이니 (로마서 5장 9절)

구원은 그리스도의 보혈이 우리의 삶에 첫 번째로 적용되는 영역이다. 우리가 구원이라는 주제만으로 책 한권에 분량으로 토론할 수 있을 정도로 구원은 매우 중요하기 때문에 지속적으로 더 깊이 연구해야 한다.

하나님이 나에게 보여주신 환상 중에서, 구원은 오직 그리스도의 보혈을 통해서만 얻을 수 있다는 사실보다 더 큰 영향을 준 것은 없다. 이것은 진실된 믿음의 핵심이다. 어떤 어리석은 기독교인은 교단의 교리를 구원 위에 놓기도 한다. 사실, 신약성경에서는 그리스도의 보혈을 예수님 죽음에 의한 구원의 중요성과 25번이나 직접 관련시키고 있다.

예수님의 보혈과 처음으로 만나고, 믿음으로 자신의 심령 속에 보혈이 역사할 때, 이것은 개인이 경험할 수 있는 가장 의미 있는 인생의 전환기라고 나는 믿는다. 모든 중생한 신자들은 영적으로 예수님의 보혈을 삶 속에서 체험했으며, 그리스도의 이름으로 회개하고 하나님의 공의를 믿을 때 더욱 큰 은혜를 받는다. 세상의 어떤 것도 예수님이 우리의 모든 죄와 잘못을 깨끗하게 씻어주었을 때 얻는 정결함과 생동감에 비교할 수 없다.

예수님의 보혈이 개인의 삶 속에서 역사할 때, 하나님 앞에 흠 없는 존재가 되게 한다. 중생한 자의 생활에 큰 기쁨이 솟구쳐 오른다. 겉으로 보기에, 처음 예수님을 믿는 새 신자는 전에 가지고 있었던 육체적 특성과 본성을 그대로 지닌 사람과 동일하게 보인다. 그러나 그의 본성이 새롭게 변하고 있는 것을 가끔 보게 된다. 하나님의 중생한 자녀에게는 새로움이 충만해 있다. 그들은 주위 사람들이 확연하게 차이를 볼 수 있는 아름다움을 지니게 된다.

그러나 중생하는 순간에 일어나는 내적인 변화는 그리스도인이 경험하는 가장 신비로운 사건의 하나로서 이루 다 말할 수 없으며 참을 수 없는 것이다. 성경은 우리에게 말씀하신다. "그런즉 누구든지 그리스도 안에 있으면 새로운 피조물이라 이전 것은 지나갔으니 보라 새 것이 되었도다"(고린도후서 5장 17절).

엄청난 큰 변화가 우리의 마음과 영혼과 정신 속에 일어난다. 그토록 오랫동안 우리들을 얽매고 있었던 죄의식이 사라지게 된다. 죄의식은 우리가 겪을 수 있는 가장 괴로운 정신적 스트레스의 하나이다. 그것은 우리의 양심에 무거운 짐을 올려 놓으며, 위궤양같이 인간의 마음과 정신을 계속 괴롭게 한다.

죄의식은 불꽃처럼 격렬한 비난으로 우리를 고통스럽게 만들고 평화로운 잠에서 깨어나게 하는 힘을 가지고 있다. 그것은 우리와 이웃을 막는 벽을 쌓는다. 그것은 우리 마음에 불안감을 불어넣어 대화를 왜곡시키고 있으며, 모든 순간마다 우리의 어깨를 누르고 있는 것처럼 보인다. 죄의식은 사탄이 인간을 파괴하기 위하여 가장 손쉽게 사용하는 무기이다.

그러나 예수님의 보혈이 흐를 때, 모든 죄의식은 씻겨 나간다. 진정한 구원이 임할 때 죄의식은 사라진다. 죄의식이 없다면, 마음은 아담이 시원한 날에 하나님과 걸으면서 가졌던 희망을 누리는 자유를 얻는다. 죄의식이 없다면, 우리의 심령은 자유함을 얻어 전에 상상할 수도 없을 정도로 우리를 용서해 주신 하나님을 아는 기쁨을 만끽하게 된다.

예수님의 보혈이 우리를 구원하는 데 있어서 어떻게 역사하는지 살펴보자.

속량하는 보혈

첫째, 우리는 보혈에 의해서 죄로부터 구원을 받는다. 교회 밖에서 '속량'이라는 말을 들을 수 있는 유일한 장소는 전당포이다. 고객이 들어와서 시계 등 값이 나가는 물건을 저당 잡히면, 전당포 주인은 물건 값에 해당하는 돈을 지불한다. 만약 고객이 맡긴 시계를 다시 찾기 원한다면, 그는 맡길 때 받은 것에 이자까지 합하여 전당포 주인에게 지불해야 한다. 대가를 지불한 후에 자신의 소유를 주장할 수 있는 것이 바로 "속량"이다.

말하자면, 우리의 영혼은 저당 잡혀 있었으나, 예수님의 보혈로 속죄의 대가를 지불한 것이다. 보혈 이외에는 어떤 것도 대가로 충분하지 못하다. 예수 그리스도의 보혈만이 죄의 감옥에서 우리를 자유롭게 하는 능력이다. 가장 흉악한 죄인을 깨끗하게 하여 순전하고 온전하게 만든다. 사도바울은 우리의 구원은 부정한 것이나 일시적인 것으로 된 것이 아니라, 예수님의 보배로운 피로 이루어진 것이라는 진리를 우리에게 상기시켜 준다.

너희가 알거니와 너희 조상이 물려 준 헛된 행실에서 대속함을 받은 것은 은이나 금같이 없어질 것으로 된 것이 아니요 오직 흠 없고 점 없는 어린 양 같은 그리스도의 보배로운 피로 된 것이니라 그는 창세 전부터 미리 알린 바 되신 이나 이 말세에 너희를 위하여 나타내신 바 되었으니 너희는 그를 죽은 자 가운데서 살리시고 영광을 주신 하나님을 그리스도로 말미암아 믿는 자니 너희 믿음과 소망이 하나님께 있

게 하셨느니라(베드로전서 1장 18-21절)

성경은 "율법을 따라 거의 모든 물건이 피로써 정결하게 되나니 피흘림이 없은즉 사함이 없느니라"(히브리서 9장 22절)라고 알기 쉽게 말한다. 예수님은 피에 대하여 확실하게 말씀하셨다. "이것은 죄 사함을 얻게 하려고 많은 사람을 위하여 흘리는 바 나의 피 곧 언약의 피니라"(마태복음 26장 28절). 에베소서 1장 7절과 골로새서 1장 14절은 "그리스도 안"에서 죄 사함이 있다고 말한다. "우리는 그리스도 안에서 그의 은혜의 풍성함을 따라 그의 피로 말미암아 속량 곧 죄 사함을 받았느니라"(에베소서 1장 7절). "그 아들 안에서 우리가 속량 곧 죄 사함을 얻었도다"(골로새서 1장 14절).

우리는 예수님의 보혈만으로 죄사함을 얻을 수 있다. 돈이 강력한 구매력을 갖고 있으나, 이 세상의 모든 돈을 합해도 한 사람의 죄인을 구원하기에도 부족하다. 죄에 대한 용서는 보잘것없는 값으로 이루어지는 것이 아니다. 하나님은 자기 아들의 생명을 용서의 대가로 지불하셨다. 예수님이 자신을 희생 제물로 드릴 때, 깊은 상처를 받으셨다. 인간으로서 참을 수 없는 심한 고통의 고뇌가 있었다. 그는 자신이 세상의 모든 무거운 짐을 져야 한다는 것을 알았으나, 하나님으로부터 영원히 분리되어 있는 우리를 구원하기 위하여 스스로 고난을 감당하셨다.

하나님은 나에게 예수님의 보혈을 통하여 우리에게 생명

을 주셨다는 사실을 이해할 수 있는 영광스러운 계시를 주셨다. 우리는 하나님이 우리에게 원하시는 삶을 살기 위해서 보혈을 의지해야 한다. 우리는 우리를 결코 구원할 수 없는 우리 자신의 업적이나 공로를 의지하지 말아야 한다. 만약에 당신이 예수님의 보혈 없이도 하나님이 베푸시는 은혜 안에서 모든 것을 잘 할 수 있다고 믿는다면, 당신은 속임을 당하고 있는 것이다. 우리는 노력이나 선행으로 구원을 얻을 수 없다. 오직 예수님의 보혈을 믿는 믿음과 예수님이 우리의 주시요 왕이심을 입으로 시인할 때 구원받는다. "네가 만일 네 입으로 예수를 주로 시인하며 또 하나님께서 그를 죽은 자 가운데서 살리신 것을 네 마음에 믿으면 구원을 받으리라"(로마서 10장 9절).

우리가 이미 앞에서 보았듯이, 구약시대에는 피를 제단 앞에 드리는 제사장과 죄를 용서받기 위하여 제물을 드린 사람을 분리하는 휘장이 있었다. 영적 의미에서 볼 때, 하나님과 우리를 분리시키는 휘장은 우리 안에 있는 죄의 실체이다. 죄는 우리 육체의 본성 속에서 우리가 거부할 수 없는 힘을 갖고 있다. "죄성으로 가득찬 육체"의 휘장은 죄가 우리에게서 떨어져 나갈 때에만 제거될 수 있다. 우리의 힘으로 휘장을 제거할 수 없다. 또한 선행이나 공로로도 우리 육체로부터 죄를 제거할 수 없다. 그러나 하나님의 양이 휘장을 제거할 수 있는 유일한 소망이다.

율법이 육신으로 말미암아 연약하여 할 수 없는 그것을 하나님은 하시나니 곧 죄로 말미암아 자기 아들을 죄 있는 육신의 모양으로 보내어 육신에 죄를 정하사, 육신을 따르지 않고 그 영을 따라 행하는 우리에게 율법의 요구가 이루어지게 하려 하심이니라

(로마서 8장 3-4절)

예수님이 육신의 모양으로 이 땅에 오셔서 우리의 대속물로서 자신을 드림으로써 휘장을 제거한 것이다. 이것은 우리 안에 있는 죄로 가득한 육신의 권세를 물리치신 것이다. "그 길은 우리를 위하여 휘장 가운데로 열어 놓으신 새로운 살 길이요 휘장은 곧 그의 육체니라"(히브리서 10장 20절). 지금 우리는 하늘의 거룩한 지성소에 들어가 하나님 앞에 나아갈 수 있는 영광스러운 특권을 소유하게 되었다. "우리가 마음에 뿌림을 받아 악한 양심으로부터 벗어나고 몸은 맑은 물로 씻음을 받았으니 참 마음과 온전한 믿음으로 하나님께 나아가자"(히브리서 10장 22절).

속죄하는 보혈

구약시대에 죄를 용서받기 위하여 드려진 다양한 동물과 제물은 우리에게 두 가지를 의미를 보여준다. 첫째, 어떠한

사람도 인간의 죄를 대신하여 완전하고 온전한 속죄물이 될 수 없다. 둘째, 속죄를 위한 다양한 희생 제물이 지니고 있는 내적인 본질은 예수님이 십자가에서 흘리신 보혈의 완전성에 대한 예표이다. 속죄 제사가 하나님과 언약 관계를 맺은 하나님의 백성들에게만 적용된 것처럼, 오늘날 구원과 죄사함은 예수님의 보혈을 믿고 그분을 영접한 사람들에게 적용된다.

예수 그리스도는 자신의 보배로운 피를 가지고 하나님이 계신 보좌로 들어가셨다. 첫 번째 속죄일을 거행한 지 3,500년이 지난 지금 그의 피는 우리에게 "들어가라, 멀리서 예배하지 말라! 하나님 앞에 서라!"라고 권면하고 있다.

예수님의 보혈은 죄에서 우리를 자유케 하기 위하여 대가로 지불된 것이다. 예수님의 속죄 피는 당신이 범한 '모든' 죄를 덮었다. 의도적으로 지은 죄, 무의식 가운데 범한 죄, 무시한 죄, 가벼운 죄 등 모든 죄를 덮었다.

의롭게 하는 보혈

예수님의 보혈은 당신의 죄를 단순히 덮어줄 뿐 아니라, 죄에 대하여 완전한 대가를 지불함으로써 의에 대한 하나님의 요구를 충족시켰다.

> 그리스도 예수 안에 있는 속량으로 말미암아 하나님의 은혜로 값
> 없이 의롭다 하심을 얻은 자 되었느니라 이 예수를 하나님이 그의
> 피로써 믿음으로 말미암는 화목제물로 세우셨으니 이는 하나님
> 께서 길이 참으시는 중에 전에 지은 죄를 간과하심으로 자기의 의
> 로우심을 나타내려 하심이니 (로마서 3장 24-25절)

성경은 우리가 그의 보혈로 의롭게 되었다고 명확하게 선언하고 있다. 이것은 마치 우리가 과거에 죄를 범한 것이 없는 것처럼 우리를 변화시킨 것을 의미한다.

> 우리가 아직 죄인 되었을 때에 그리스도께서 우리를 위하여 죽으
> 심으로 하나님께서 우리에 대한 자기의 사랑을 확증하셨느니라
> 그러면 이제 우리가 그의 피로 말미암아 의롭다 하심을 받았으니
> 더욱 그로 말미암아 진노하심에서 구원을 받을 것이니
>
> (로마서 5장 8-9절)

의롭다 칭함을 받음으로써 얻어지는 중요한 결과 중 하나는 우리가 하나님과 화해하게 되었고, 이로 인하여 하나님과의 회복된 관계를 체험할 수 있게 된 것이다. "이제는 전에 멀리 있던 너희가 그리스도 예수 안에서 그리스도의 피로 가까워졌느니라"(에베소서 2장 13절). 그리스도의 보혈은 하나님의 진노에서 우리를 구원하셨다. "그러면 이제 우리가

그의 피로 말미암아 의롭다 하심을 받았으니 더욱 그로 말미암아 진노하심에서 구원을 받을 것이니"(로마서 5장 9절). 보혈은 우리 죄를 고발하는 사탄의 권세를 이기게 하셨다. "또 우리 형제들이 어린 양의 피와 자기들이 증언하는 말씀으로써 그를 이겼으니 그들은 죽기까지 자기들의 생명을 아끼지 아니하였도다"(요한계시록 12장 11절). 그리스도의 보혈 때문에, 사탄은 우리에게 죄의식을 갖게하는 데 있어서 무력해졌다.

완전한 용서를 받게 하는 보혈

하나님의 "율법을 따라 거의 모든 물건이 피로써 정결하게 되나니 피흘림이 없은즉 사함이 없느니라"(히브리서 9장 22절)라는 말씀에서 "사함"이라는 단어는 암환자의 고통을 경감시키는 것을 말할 때 우리가 사용하는 단어가 아니다. 암환자의 고통이 일시적으로 경감되었더라도, 다시 고통이 찾아올 가능성이 있다. 그러나 성경에서 말하는 '사함'이라는 단어는 "완전히 없애다, 풀어주다."라는 뜻이다. 죄가 결코 존재하지 않았던 것처럼 완전히 진멸시킨 것을 의미한다. 성령님은 한번 용서받은 죄는 결코 우리를 다시 사로잡을 수 없다는 것을 확신시켜 주셨다. 우리 죄는 완전히 없어진 것이며, 하나님은 더 이상 우리 죄를 기억하지 않으신다. 하나님께 죄를 용서해 달라고 기도할 때, 예수님의 보혈이 그것들을 완전히 제거해 주신다.

다윗은 기도할 때 다음과 같이 말하였다. "동이 서에서 먼 것 같이 우리의 죄과를 우리에게서 멀리 옮기셨으며"(시편 103장 12절). 다윗이 기도한 내용이 지리상으로 볼 때 진리였음을 주목하자. 사람들이 지구의 둥글다는 것을 발견하기 전에, 하나님은 지구의 모양을 확실하게 알고 계셨으며, 다윗의 기도를 통하여 우리의 죄를 우리에게 얼마나 멀리 떨어지게 했는가를 구원의 놀라운 측면에서 보여주셨다. 예를 들어, 비행기를 타고 남쪽으로 날기 시작한 후, 어떤 지점에서 다시 남쪽으로 날기 시작했다. 만약 당신이 남쪽으로 멀리 날아갔더라도 다신 북쪽으로 향할 수 있다. 그러나 동과 서는 결코 만날 수 없다. 당신은 비행기를 타고 계속 서쪽으로 가든지 동쪽으로 끝없이 가야 한다.

깨끗하게 하는 보혈

주님의 보혈은 우리를 "깨끗하게" 한다. "그가 빛 가운데 계신 것 같이 우리도 빛 가운데 행하면 우리가 서로 사귐이 있고 그 아들 예수의 피가 우리를 모든 죄에서 깨끗하게 하실 것이요"(요한일서 1장 7절). 나는 자주 하나님이 주시는 계시 중에서, 죄가 무거운 맷돌처럼 각 개인의 목을 감싸고 있는 것을 보았다. 이와 같은 비참한 모습은 죄를 회개하지 않고, 죄 용서와 관련하여 예수 그리스도에 대한 믿음이 없는 자의 영적인 상태를 모형으로 보여주신 것이다.

우리가 주님을 영접할 때, 하나님의 어린 양의 보배로운 피가 우리가 지은 모든 죄에서 우리를 깨끗하게 한다. "또 충성된 증인으로 죽은 자들 가운데에서 먼저 나시고 땅의 임금들의 머리가 되신 예수 그리스도로 말미암아 은혜와 평강이 너희에게 있기를 원하노라 우리를 사랑하사 그의 피로 우리 죄에서 우리를 해방하시고"(요한계시록 1장 5절). 십자가는 우리를 영원히 변화시킨다. 나는 완전히 깨끗함을 얻고 회복되었음을 깨달았다.

당신 자신이 죄가 없음을 알 때, 당신이 느끼는 능력과 확신은 그 어느 것에 비교할 수 없을 정도로 강하다. 당신이 옳다고 생각하면 당신은 올바른 위치에 있게 되고, 당신을 비난하는 어떤 사람과도 맞설 수 있다. 우리는 지은 죄로 인하여 우리 자신이 죄인일 수밖에 없다. 따라서 하나님의 심판 앞에서 스스로 방어할 수 있는 능력이 없다. 그러나 그리스도의 보혈은 모든 것을 바꾸어 놓았다. 히브리서 13장 12절은 예수님의 보혈을 통하여 우리가 거룩하게 되었다고 말한다. "그러므로 예수도 자기 피로써 백성을 거룩하게 하려고 성문 밖에서 고난을 받으셨느니라"(히브리서 13장 12절). 우리가 하나님 앞에서 거룩하여 진 것을 의미한다.

정결함과 화해는 본질적인 면에 있어서 두 가지 분리된 작용이다. 그리스도의 보혈을 통하여 구주 예수 그리스도를 마음으로 영접한 신자는 죄와 죄의식으로부터 정결해진다. 그러나 이것은 동시에 당신을 하나님과 화해하도록 한다.

죄 용서함, 죄의식 제거, 심령의 깨끗함, 양심의 정결함을 가져다 주는 예수님의 보혈이 우리에게 절대적으로 필요하다. 보혈의 씻김을 받아라. 당신은 "눈보다 희게" 될 것이다. "우슬초로 나를 정결하게 하소서 내가 정하리이다 나의 죄를 씻어 주소서 내가 눈보다 희리이다"(시편 51장 7절).

> 하물며 영원하신 성령으로 말미암아 흠 없는 자기를 하나님께 드린 그리스도의 피가 어찌 너희 양심을 죽은 행실에서 깨끗하게 하고 살아 계신 하나님을 섬기게 하지 못하겠느냐
>
> (히브리서 9장 14절)

나는 예수님의 보혈로 인하여 큰 기쁨을 누리고 있다. 예배 중에 자주 벽이 붉은 색으로 덮여진 것을 보게 된다. 또한 제단 앞이 붉게 덮여진 것을 보았다. 사람들이 하나님께 자신의 생명을 드리기 위해서 나아올 때, 정결하고 깨끗한 모습을 본다. 그들은 "오! 나는 깨끗하게 되었다. 내가 생명의

강에서 깨끗하게 씻은 것 같다."라고 말한다. 여러 번 사람들을 사로잡고 있었던 사탄이 그들을 풀어주고 도망가는 것을 보았다.

몇 시간 전에, 나는 설교 중에 예수님의 보혈이 사람들을 죄에서 구원하시는 놀라운 능력을 뜨겁게 강조했다. 내가 설교단으로 오라고 할 때, 수많은 무슬림들이 주 예수 그리스도를 구주로 영접하기 위하여 앞으로 나왔다.

부활과 영생을 주는 보혈

예수님의 보혈은 부활의 능력을 가지고 있다. 피가 없는 육체는 시체가 되듯이, 죄를 깨끗하게 하는 예수님의 보혈이 없는 믿음은 죽은 믿음이거나 죽은 상태에 놓여있는 믿음이다.

의학적인 치료는 가끔 병을 고치는 데 있어서 놀라운 능력을 발휘한다. 그러나 죽은 자를 살리는 것은 오직 예수 그리스도의 보혈이다. 총을 가진 어리석은 사람이 생명을 빼앗을 수 있으나, 오직 예수님의 보혈만이 생명을 회생시킨다. 예수님을 믿는 자들은 그의 보혈을 통하여 죽음에서 살아날 수 있다. 하나님과 영원히 함께 사는 것이다!

> 진실로 진실로 너희에게 이르노니 믿는 자는 영생을 가졌나니 내가 곧 생명의 떡이니라 너희 조상들은 광야에서 만나를 먹었어도 죽었거니와 이는 하늘에서 내려오는 떡이니 사람으로 하여금 먹고 죽지 아니하게 하는 것이니라 나는 하늘에서 내려온 살아 있는 떡이니 사람이 이 떡을 먹으면 영생하리라 내가 줄 떡은 곧 세상의 생명을 위한 내 살이니라 하시니라 (요한복음 6장 47-51절)

인간이 마음 속으로 가장 갈망하고 있는 것은 영생이다. 우리는 죽은 후에도 계속 존재할 것이라는 것을 알아야 한다. 예수님은 우리의 갈망을 충족시켜 주셨다. 모든 종교들은 사후의 존재에 대하여 가르치고 있으나, 오직 기독교만이 죽은 후의 생명에 대하여 창시자가 직접 증명하고 있다.

> 자녀들은 혈과 육에 속하였으매 그도 또한 같은 모양으로 혈과 육을 함께 지니심은 죽음을 통하여 죽음의 세력을 잡은 자 곧 마귀를 멸하시며 또 죽기를 무서워하므로 한평생 매여 종 노릇 하는 모든 자들을 놓아 주려 하심이니 (히브리서 2장 14-15절)

예수님은 세상에 생명을 풍성하게 주시기 위하여 오셨다. "도둑이 오는 것은 도둑질하고 죽이고 멸망시키려는 것뿐이요 내가 온 것은 양으로 생명을 얻게 하고 더 풍성히 얻게 하려는 것이라"(요한복음 10장 10절). 그러나 더욱 중요한 것은 영생을 주신다는 것이다. "예수께서 이르시되 나는 부활이요 생명이니 나를 믿는 자는 죽어도 살겠고, 무릇 살아서 나를 믿는 자는 영원히 죽지 아니하리니 이것을 네가 믿느냐"(요한복음 11장 25-26절). 생명이 피에 있기 때문에, 우리는 그의 보혈을 통하여 죽은 후에도 살 수 있는 것이다. 나는 '예수님은 자신의 보혈에 의해서 부활하신 것'이라는 성경 말씀을 믿는다.

양들의 큰 목자이신 우리 주 예수를 영원한 언약의 피로 죽은 자 가운데서 이끌어 내신 평강의 하나님이 모든 선한 일에 너희를 온전하게 하사 자기 뜻을 행하게 하시고 그 앞에 즐거운 것을 예수 그리스도로 말미암아 우리 가운데서 이루시기를 원하노라 영광이 그에게 세세무궁토록 있을지어다 아멘(히브리서 13장 20-21절)

예수님이 살아계시기 때문에, 그를 믿는 자들도 어린 양의 보혈을 통하여 육체적 죽음 후에 살 수 있는 것이다. 언젠가 우리는 생물들과 24장로들이 둘러 서 있는 천국에서 구원받은 성도들과 만날 것이다. "내가 또 보고 들으매 보좌와 생물들과 장로들을 둘러 선 많은 천사의 음성이 있으니 그 수가 만만이요 천천이라"(요한계시록 5장 11절). 그 곳에는 찬양이 울려퍼진다. "큰 음성으로 이르되 죽임을 당하신 어린 양은 능력과 부와 지혜와 힘과 존귀와 영광과 찬송을 받으시기에 합당하도다 하더라"(요한계시록 5장 12절).

가장 위대한 희생 제물

한 가정에서 드문 혈액형을 가지고 태어난 두 아이의 이야기가 있다. 이들은 의사들의 큰 관심 속에서 매우 중요한 치료를 받아야 했다. 태어난 지 3년밖에 되지 않은 남자 아기는 심각한 신체적 문제를 보이기 시작했다. 남자 아기에게 수혈이 절실하게 필요했는데, 그의 5살 된 누나만이 피를 줄 수 있는 것으로 판명되었다. 부모와 의사들은 조심스럽게 이러한 상황을 어린 여자아이에게 설명하려고 애썼다. 동생에게 피가 필요한데, 피를 줄 수 있는 사람은 바로 누나라는 것을 말했다.

그 소녀는 근심하면서 몇 번 생각한 후, 마침내 의사 선생님의 말에 동의하고 자신의 피를 동생에게 주기로 결심하였다. 그녀가 침대에 눕자, 주사 바늘이 그녀의 팔을 찌르면서 들어갔다. 소녀는 자기 동생에게 수혈하는 데 사용될 피가 플라스틱 통에 흘러 내리는 것을 심각하게 바라보았다. 모든 과정이 끝났을 때, 간호가 주사 바늘을 팔에서 빼면서 "끝났어."라고 말하였다.

소녀는 당황하면서 "나는 언제 죽나요?"라고 물었다. 소녀는 피를 뽑으면 죽는다는 것을 알면서도 기꺼이 자신의 피를 준 것이다.

오늘날 이런 깊이 있는 사랑의 정신은 찾아보기 힘들다.

우리 중에 피가 필요한, 사랑하는 사람을 위하여 자신의 생명을 포기할 사람은 거의 없을 것이다. 그러나 오직 한 분만이 우리 죄가 사함 받을 수 있도록 자신의 피를 흘렸다. 예수님은 스스로 사랑하는 마음으로 당신과 나를 구원하시기 위하여 자신의 육체와 피를 주신 것이다. 어떤 누구도 우리 죄를 대신할 수 있는 가치를 지니고 있지 못하며, 대가를 지불할 수 있는 희생물이 될 수 없다.

우리 안에 있는 그리스도

창세기부터 계시록까지, 하나님은 그분을 찬양하고 사랑하는 사람을 원한다고 계시하고 있다. 하나님은 어느 누구도 모세를 통하여 준 율법을 지킬 수 없다는 것을 아시고, 우리를 구원하고, 성령님을 보내시기 위하여 그의 아들을 이 땅에 보내셨다.

우리가 주님 앞에 나아가 죄를 회개하고 고백하고, 우리의 생명을 주님께 드릴 때, 주님은 가장 좋은 것, 즉 우리 안에 거하시고 하늘 아버지와 좋은 관계를 회복하게 하신다.

나는 당신이 예수님을 영접하고 당신을 위해 희생 제물이 되신 것을 믿도록 권면한다. 아직 예수님에 대하여 알지 못한다면, 성경을 읽고 그에 대하여 배워야 한다. 그분이 누구인가를 이해해야 한다. 하나님의 진리의 말씀인 성경은 당신이 하나님 나라에 들어가기 위해서 거듭나야 한다고 말한다. "예수께서 대답하여 이르시되 진실로 진실로 네게 이르노니 사람이 거듭나지 아니하면 하나님의 나라를 볼 수 없느니라"(요한복음 3장 3절).

당신의 죄는 십자가에서 흘리신 예수님의 속죄의 피를 통하여 완전히 깨끗하게 씻겨졌다. 당신이 자신을 세상에게 가장 죄를 많이 진 자로 생각하더라도, 예수님께 돌아오면 완전히 용서 받을 수 있다. 당신은 이렇게 기도할 수 있다. "예수님, 나는 당신이 하나님의 아들과 구세주이심을 믿습니다. 당신이 십자가에서 죽으시고 부활하심으로 인하여 나는 당신 안에서 새로운 삶을 살 수 있음을 믿습니다. 당신의 깨끗하게 하는 피로 나의 죄를 씻어주어 정결케 해 주시기를 기도합니다. 당신을 위하여 살아갈 수 있도록 성령을 충만하게 부어 주시기 원합니다. 나의 생명을 바쳐 당신을 사랑하고 헌신할 것입니다. 아멘."

당신이 진심으로 기도한다면, 신실하신 하나님은 당신을 용서하시고 죄를 완전히 씻어주실 것이다. 하나님께 순종하고 헌신하는 삶을 살 수 있도록 당신 안에 거하시고 역사하시는 성령님을 선물로 주실 것이다. 당신은 하나님의 소유가 될 것이며, 그의 천사들이 당신을 항상 지킬 것이다.

어느날, 우리를 위하여 보혈을 흘리신 바로 그분이 우리를 심판할 것이다. "한번 죽는 것은 사람에게 정해진 것이요 그 후에는 심판이 있으리니"(히브리서 9장 27절). 항상 나를 위하여 희생 제물이 되어 주신 예수님의 육체를 기억하고 그분에게 절대적으로 헌신하는 것은 당신에게 축복이 될 것이다. 나는 당신이 지금부터라도 새로운 삶을 살기 원한다. 왜냐하면, 당신이 그분 앞에서 심판받을 때가 언제인지 알 수 없기 때문이다.

보혈의 믿음

당신의 헌신과 노력으로는 결코 과거의 죄를 용서 받거나 영광의 유산을 받을 자격을 가질 수 없다. 그러나 당신이 예수님을 유일한 구원자로 믿기로 동의하기만 하면, 예수님이 기꺼이 당신의 모든 죄를 사해 주시고, 그의 영광스러운 왕국의 유산을 주신다. 당신은 하나님의 자녀인가? 구주 예수 그리스도를 당신의 구주로 믿는가? 당신의 살아가면서 죄와 싸우고 있는가? 당신은 즐거운 삶을 방해하고 있는 구속에서 얼마나 자유로운가? 예수님이 흘리신 보혈로 당신은 용서와 화해를 얻은 것이다. 예수님의 죄 사함의 피를 믿어라. 이것은 당신의 모든 죄보다 더 강하다. 예수님이 당신의 죄가 사함을 얻도록 '당신'을 위하여 죽으셨고, 죽음에서 부활하신 것을 믿으라.

어린 양의 보혈은 믿음으로 당신의 심령 속에서 역사하신다. "믿음으로 유월절과 피 뿌리는 예식을 정하였으니 이는 장자를 멸하는 자로 그들을 건드리지 않게 하려 한 것이며"(히브리서 11장 28절). 대제사장이신 예수님을 믿을 때, 당신의 마음에 속죄의 보혈이 뿌려질 것이다.

그분의 보혈은 당신이 하나님 앞에 겸손하게 나가서 그를 찾도록 당신의 마음에 역사한다. 용서를 구할 때 자주 인용되는 다윗의 기도를 보라.

> 주께서는 제사를 기뻐하지 아니하시나니 그렇지 아니하면 내가 드렸을 것이라 주는 번제를 기뻐하지 아니하시나이다 하나님께서 구하시는 제사는 상한 심령이라 하나님이여 상하고 통회하는 마음을 주께서 멸시하지 아니하시리이다 (시편 51편 16-17절)

영적으로 말하자면, 예수님의 보혈이 당신의 영혼에 호소하고 있다. 앞에서 언급하였듯이, 그분의 보혈은 당신의 죄가 당신에게 부르짖는 것보다 더 큰 소리로 은혜스럽게 말하고 있다. 그러나 만약 예수님의 보혈이 당신의 마음과 의식 속에서 역사하지 않는다면 예수님의 강력한 보혈의 능력은 당신에게 아무 소용이 없는 것이다.

만약 당신이 이미 믿음을 갖고 있더라도, 당신의 삶 속에서 예수님 안에서 용서받은 것과 용납된 것을 충분히 의식하면서 살고 있는가? 당신은 구원에 대한 확신을 갖고 있는가? 만약 그렇지 않다면, 당신은 보혈의 역사에서 멀어진 것이다. "뿌린 피"로 나아오라. "새 언약의 중보자이신 예수와 및 아벨의 피보다 더 나은 것을 말하는 뿌린 피니라"(히브리서 12장 24절). 어떤 죄의식도 당신의 심령 속에 머물도록 허용하지 말라. 매일 그리스도의 보혈로 씻김을 받으라. "그가 빛 가운데 계신 것같이 우리도 빛 가운데 행하면 우리가 서로 사귐이 있고 그 아들 예수의 피가 우리를 모든 죄에서 깨끗하게 하실 것이요"(요한일서 1장 7절).

나의 죄를 씻기는 예수의 피밖에 없네
나를 정케 하기는 예수의 피밖에 없네

예수의 흘린 피 날 희개 하오니
귀하고 귀하다 예수의 피밖에 없네

다른 시인의 찬양을 보자

골짜기는 임마누엘의 혈관으로
흘러내리는 피로 가득찼도다
보혈 밑에 가라앉은 죄인들은

그들의 모든 죄에서 사함 받았네

어린 양의 보혈은 우리의 소망이며 위로이다. 보혈의 능력과 열매는 무한하다. 예수님의 보혈은 우리가 구원받고 용서받는 것을 믿게 한다. 다시 말하자면, 우리는 우리의 선행으로 결코 죄 용서함을 받을 수 없다. 우리는 죄를 용서받기에 충분한 어떤 선행도 결코 행할 수 없기 때문이다. 그러나 그리스도의 보혈은 우리를 위한 완전한 속죄물이 되셨다. "우리는 그리스도 안에서 그의 은혜의 풍성함을 따라 그의 피로 말미암아 속량 곧 죄 사함을 받았느니라"(에베소서 1장 7절). 그분의 보혈은 어떤 것도 그 누구도 할 수 없는 유일한 역사를 이루었다.

8. 보혈과 평화

그가 찔림은 우리의 허물 때문이요 그가 상함은 우리의 죄악 때문이라 그가 징계를 받으므로 우리는 평화를 누리고 그가 채찍에 맞으므로 우리는 나음을 받았도다 (이사야 53장 5절)

평화는 우리의 삶 속에서 역사하는 그리스도의 보혈이 가져다주는 또 다른 중요한 결과이다.

아버지께서는 모든 충만으로 예수 안에 거하게 하시고, 그의 십자가의 피로 화평을 이루사 만물 곧 땅에 있는 것들이나 하늘에 있는 것들이 그로 말미암아 자기와 화목하게 되기를 기뻐하심이라 전에 악한 행실로 멀리 떠나 마음으로 원수가 되었던 너희를 이제는 그의 육체의 죽음으로 말미암아 화목하게 하사 너희를 거룩하고 흠 없고 책망할 것이 없는 자로 그 앞에 세우고자 하셨으니

(골로새서 1장 19-22절)

하나님이 첫 남자를 창조하실 때, 그는 아담과 '사랑과 진리'의 관계를 형성하셨다. 모든 인간은 창조자와 이와 같은

관계를 가지고 출발하였다. 또한 하나님은 첫 여자인 이브를 만드시고 그들과 좋은 관계를 만들어 갔다. 이때로부터 성경에 기록된 모든 위대한 믿음의 조상들의 삶은 하나님이 인간과 함께 나누기를 원하는 개인적인 관계를 잘 보여주고 있다. 우리는 이러한 관계가 아브라함, 노아, 모세, 베드로, 바울 그리고 많은 믿음의 선진들의 삶 속에서 이루어지고 있음을 보고 있다.

그러나 불행하게도, 아담과 하와가 하나님께 등을 돌리고 하나님과의 관계보다는 반역을 선택하자 창조자가 인간에게 갖고 있었던 깊은 친밀감과 연합이 무너졌다. 하늘에 계신 아버지와 그 분이 창조한 자식 사이에 벽이 만들어졌다. 이러한 분리는 우리가 앞에서 살폈던 성막과 성전 안에 있는 휘장으로 상징될 수 있다.

나는 환상 중에 죄가 하나님과 인간 사이에 만든 울타리 같은 것을 실제로 보았다. 이 울타리는 하나님을 향한 인간의 본능적인 적대심을 보여주고 있다. 성경은 "육신의 생각은 하나님과 원수가 되나니 이는 하나님의 법에 굴복하지 아니할 뿐 아니라 할 수도 없음이라, 육신에 있는 자들은 하나님을 기쁘시게 할 수 없느니라."(로마서 8장 7-8절)라고 우리에게 말씀하신다. 그러나 그리스도의 보혈의 능력은 용서함을 통하여 하나님과 사람, 사람과 사람을 하나되게 하셨다.

하나님과 화목

골로새서 1장 20절에 예수님이 "십자가의 피로 화평을 이루사"라고 기록하고 있다. "그의 십자가의 피로 화평을 이루사 만물 곧 땅에 있는 것들이나 하늘에 있는 것들이 그로 말미암아 자기와 화목하게 되기를 기뻐하심이라"(골로새서 1장 20절). 예수님의 보혈은 그것을 통하여 하나님의 보좌로 나아가 하나님과 화해할 수 있는 "새로운 살 길"을 소유할 수 있도록 하는 신비로운 능력을 갖고 있다. "그 길은 우리를 위하여 휘장 가운데로 열어 놓으신 새로운 살 길이요 휘장은 곧 그의 육체니라"(히브리서 10장 20절).

하나님과 원수된 것이 해결됨

첫째, 우리는 더 이상 하나님과 원수가 될 필요가 없다. 사람들은 자주 하나님을 적대시하거나 무시하려고 한다. 이것은 자기 보호 본능을 일으키고 하나님을 원망하게 하는 죄의식에 기인한다. 그들은 징계가 두려워 하나님을 피해 도망간다. 그러나 그리스도께서 우리가 받아야 할 징계의 대가를 지불하였기 때문에, 하나님과 대항하면서 우리 자신을 "보호"할 필요가 없게 되었다. 사실 성경은 우리가 담대하게 하나님께 나아가 필요한 것을 구할 수 있다고 말씀한다. "그러므로 우리는 긍휼하심을 받고 때를 따라 돕는 은혜를 얻기 위하여 은혜의 보좌 앞에 담대히 나아갈 것이니라"(히브리서 4장 16절).

하나님과 중단되었던 교제가 해결됨

둘째, 보혈은 하나님과 깊은 친교를 할 수 있는 관계로 돌아갈 수 있게 하는 능력이다. 우리는 하나님이 원하시는 친밀한 대화를 나눌 수 있다. "이제는 전에 멀리 있던 너희가 그리스도 예수 안에서 그리스도의 피로 가까워졌느니라"(에베소서 2장 13절). 예수님의 십자가의 희생으로 인하여 하나님의 아들과 딸들은 내적인 평안을 얻었으며, 하늘에 계신 하나님과의 관계를 회복할 수 있게 되었다.

우리가 십자가의 보혈로 정결하게 되었을 때, 하나님은 우리에게 오셔서 우리를 데리고 가신다. 당신은 하나님이 원하는 모습을 갖게 된다. 당신이 어머니 태에 있을 때부터 하나님은 당신을 자녀로 삼기 원하셨다. 우리를 하늘에 계신 하나님과 화목하도록 하는 것이 십자가가 지닌 중요한 의미이다. "그뿐 아니라 이제 우리로 화목하게 하신 우리 주 예수 그리스도로 말미암아 하나님 안에서 또한 즐거워하느니라"(로마서 5장 11절).

당신이 하나님의 자녀가 되었을 때, 가족, 친구, 다른 사람들에 의해서 버림받을 수 있으나 하늘 아버지는 결코 당신을 거절하지 않으신다. 우리의 대제사장이신 그리스도는 당신이 정결하게 되고 용서받았다고 선언할 뿐 아니라, 우주의 심판자로서 당신의 의로움을 선언하신다. "이제부터는 너희를 종이라 하지 아니하리니 종은 주인이 하는 것을 알지 못함이라 너희를 친구라 하였노니 내가 내 아버지께 들은 것을 다 너희에게 알게 하였음이라"(요한복음 15장 15절). 예수님은 당신과 동행하고 대화할 수 있는 친구이며, 당신의 어려움을 함께 나누는 분이다. 당신을 향한 하나님의 깊은 사랑을 이해할 때, 당신은 하나님과 행복한 교제의 관계로 나아갈 것이다. 우리가 위대하신 하나님과 정신적, 영적으로 한 몸인 친구가 될 수 있다는 것을 상상해보라!

우리의 마음과 생각을 지키는 하나님의 평안

셋째, 그리스도의 보혈을 통하여, 우리는 환난 중에도 평온함과 용기를 가질 수 있는 평안을 경험하게 된다. 예수님은 십자가를 지시기 전에 제자들에게 말씀하셨다. "평안을 너희에게 끼치노니 곧 나의 평안을 너희에게 주노라 내가 너희에게 주는 것은 세상이 주는 것과 같지 아니하니라 너희는 마음에 근심하지도 말고 두려워하지도 말라"(요한복음 14장 27절). 사도 바울은 믿는 자들을 다음과 같이 격려하였다.

> 아무 것도 염려하지 말고 다만 모든 일에 기도와 간구로 너희 구할 것을 감사함으로 하나님께 아뢰라 그리하면 모든 지각에 뛰어

난 하나님의 평강이 그리스도 예수 안에서 너희 마음과 생각을 지키시리라 (빌립보서 4장 6-7절)

하나님과 화해하게 하는 성만찬

우리는 성만찬에 참여할 때마다 하나님과의 화해를 생각하면서 하나님과 더 깊은 관계로 나아갈 수 있는 계기가 될 수 있다. 성만찬은 모든 그리스도인이 하나님과 관계를 유지하는 데 있어서 중요한 역할을 한다. 우리가 영원히 지키는 이 거룩한 예식은 우리를 구원하기 위하여 예수님이 지불하였던 대가를 개인적으로 돌아보게 한다. 또한 이것은 개인적인 순종과 믿음의 행위에서 이루어진다.

예수님이 성만찬을 베푸실 때에 제자들에게 특별한 의미를 지닌 말씀을 하셨다.

> 또 떡을 가져 감사 기도 하시고 떼어 그들에게 주시며 이르시되 이것은 너희를 위하여 주는 내 몸이라 너희가 이를 행하여 나를 기념하라 하시고 저녁 먹은 후에 잔도 그와 같이 하여 이르시되 이 잔은 내 피로 세우는 새 언약이니 곧 너희를 위하여 붓는 것이라 (누가복음 22장 19-20절)

어떤 사람들은 성만찬을 '점진적 만찬'이라고 부른다. 예식에 참여할 때마다, 우리는 예수님이 제자들과 함께 떡을 뗄 때와 같은 모양으로 이루어지는 천상에서 시작된 동일한 식사에 참여하는 것만 같다. 성만찬은 그때부터 계속되었으며, 우리를 대신하여 죽으신 예수님을 계속해서 기억하게 한다.

성찬예식은 예수님이 갈보리에서 흘리신 보혈을 기억하기 위하여 교회에게 주어진 규칙적이고 영원히 행해야 할 임무이다. 떡을 떼고 잔을 마시는 것은 예수님의 몸과 피에 대한 기억과 중요성을 항상 새롭게 상기시켜 준다.

또한 성만찬은 점진적인 특성을 지니고 있다. 예수님의 죽음을 "그가 오실 때"까지 기념해야 한다. "너희가 이 떡을 먹으며 이 잔을 마실 때마다 주의 죽으심을 그가 오실 때까지 전하는 것이니라"(고린도전서 11장 26절). 놀랍게도, 성만찬은 하나님의 어린 양의 영원한 혼인잔치에 참여할 것을 미리 보여주고 있다. 우리를 과거, 현재, 미래의 성도들과 영적으로 연합하도록 한다.

성찬에서 우리가 떼는 떡은 생명의 떡으로 성육한 것을 상징한다. 성육은 하나님이신 예수님이 자신이 사람의 몸으로 사람들과 함께 생활하고, 자신의 몸을 사람들을 위하여 희생 제물로 바친 것이다. 포도주 잔은 그의 백성이 하나님과 새 언약을 맺도록 하기 위하여 예수님이 흘리신 보혈을 상징한다.

보혈에 관한 하나님의 계시를 통하여, 나는 예수님이 갈보리에서 우리에게 주신 구원의 은혜를 우리 심령 속에 항상 새롭게 하기 위하여 떡과 잔을 지속적이고 영원히 함께 나누는 것이 필요하다는 것을 이해하게 되었다. 어떠한 몸도 피도 이와 같은 희생 제물이 될 수 없다. 어떤 사람도 흠 없는 하나님의 어린 양으로 완벽하다고 주장할 수 없다. 떡을 떼고 잔을 마실 때마다, 하나님께 "나는 죽을 수밖에 없는 자였지만, 예수님이 나 대신 죽으셨다는 사실을 인정합니다."라고 기도한다.

예수님의 희생을 잊지 말아야 한다. 만약 예수님이 치르신 엄청난 대가를 기억하지 않고 구원의 은혜에 안주하고 있다면, 당신은 우리를 위하여 찢기시고, 매 맞고, 못 박히신 예수님의 몸을 회상해 보아야 한다. 우리는 그의 몸의 상처와 등에 새겨진 채찍 자리와 손발에 박힌 못을 기억해야 한다. 그는 우리가 하나님과 화목하도록 자신을 드린 것이다. 떡은 우리를 대신하여 그가 친히 담당한 고통 당하신 몸을 생각나게 한다.

이와 같은 진리가 잔에도 동일하게 적용된다. 우리가 잔을 마실 때, 빌라도가 있었던 헤롯의 궁전과 갈보리에서 피를 흘리신 예수님을 생각해야 한다.

형제들이여, 성만찬에서 잔을 마실 때마다 주님의 보혈을 생각하라. 주님의 보혈은 당신을 대신하여 흘리신 것이다.

그의 보혈은 당신이 용서받을 수 있도록 충분한 대가를 지불한 것이다. 용서받은 우리는 그의 보혈을 기억해야 하며, 그것이 우리 죄를 위한 유일한 희생 제물이라는 것을 믿어야 한다.

다른 사람과 화목하게 하는 성만찬

성만찬은 그리스도를 통하여 다른 사람과 화목하고 하나가 되는 것을 생각하게 한다.

> 우리가 축복하는 바 축복의 잔은 그리스도의 피에 참여함이 아니며 우리가 떼는 떡은 그리스도의 몸에 참여함이 아니냐 떡이 하나요 많은 우리가 한 몸이니 이는 우리가 다 한 떡에 참여함이라 육신을 따라 난 이스라엘을 보라 제물을 먹는 자들이 제단에 참여하는 자들이 아니냐 (고린도전서 10장 16-18절)

십자가를 통하여 다른 사람과 화목하게 되는 것은 곧 하나님과 화목하게 하는 기초가 된다. 하나님과 화목하게 됨으로써 하나님과 관계를 갖게 되고, 성령의 열매인 평안을 누리게 된다. 하나님이 우리 아버지이시기 때문에, 모든 믿는 자들은 같은 가족에 속한 것이다. 더 나아가 모든 사람들이 하나님의 형상대로 지음을 받았기 때문에, 우리들은 서로 사랑으로 대해야 한다. "우리가 이 계명을 주께 받았나니 하나님을 사랑하는 자는 또한 그 형제를 사랑할지니라"(요한일서 4장 21절).

동생 아벨을 죽인 가인의 행위에 있어서 중요한 핵심은, 가인이 동생을 사랑하고 보살펴야 하는 책임을 인정하기를 거부했다는 것이다. 동생을 죽인 후, 가인은 "내가 아우를 지키는 자니이까?"라고 공격적으로 말했다. "여호와께서 가인에게 이르시되 네 아우 아벨이 어디 있느냐 그가 이르되 내가 알지 못하나이다 내가 내 아우를 지키는 자니이까"(창세기 4장 9절). 반대로 그리스도는 우리의 장자로서 이 땅에 오셔서 우리를 위하여 생명을 내놓음으로써, 우리가 다른 사람을 어떻게 사랑하고 존경해야 할 것을 보여 주셨다.

> 그가 빛 가운데 계신 것 같이 우리도 빛 가운데 행하면 우리가 서로 사귐이 있고 그 아들 예수의 피가 우리를 모든 죄에서 깨끗하게 하실 것이요 (요한일서 1장 7절)

우리가 진리인 구원의 빛 가운데로 걸어갈 때, 우리 주위에 있는 사람들과 화목할 수 있다. 우리가 이와 같이 행할 때, 예수님의 보혈은 나의 모든 죄를 깨끗하게 씻어준다.

보혈의 능력이 평화를 만들어가는 개인적인 영역뿐 아니

라, 집단과 국가의 영역까지 적용된다. 예수님의 보혈은 모든 종족, 문화, 인종을 연합시켜주는 능력이다. 이것은 모든 사람을 하나님의 언약의 새로운 백성으로 변화시켜 준다.

천국에서 볼 수 있는 가장 두드러진 광경 중의 하나는 세계 모든 곳으로부터 온 사람들이 하나님 보좌 앞에 모여 있는 점이다.

> 이 일 후에 내가 보니 각 나라와 족속과 백성과 방언에서 아무도 능히 셀 수 없는 큰 무리가 나와 흰 옷을 입고 손에 종려 가지를 들고 보좌 앞과 어린 양 앞에 서서 큰 소리로 외쳐 이르되 구원하심이 보좌에 앉으신 우리 하나님과 어린 양에게 있도다 하니
>
> (요한계시록 7장 9-10절)

하나님이 처음 계획한 대로 한 혈통으로 만들어진 사람들이 그리스도를 통하여 원수들과 화목하기 전에는 가장 심한 적대감을 가지고 살았다. "인류의 모든 족속을 한 혈통으로 만드사 온 땅에 살게 하시고 그들의 연대를 정하시며 거주의 경계를 한정하셨으니"(사도행전 17장 26절). 적대감은 수세기 동안 현실과 영적 세계에서 인간을 괴롭혔던 세상의 죄였다. 그러나 평화로운 연합이 어린 양의 보혈의 능력으로 새롭게 성취되었다.

종족과 국가 간의 갈등은 역사가 시작된 이래로 항상 존

재하였다. 사람을 분열시키고 서로 적대감을 갖게 하는 것은 쉽지만, 서로 영원히 화목하고 하나가 되도록 하는 것은 오직 하나님의 존귀한 어린 양의 보혈뿐이다. 바울은 유대인과 이방인 사이에 오랫동안 존재했던 갈등에 대하여 다음과 같이 말했다.

> 그는 우리의 화평이신지라 둘로 하나를 만드사 원수 된 것 곧 중간에 막힌 담을 자기 육체로 허시고 법조문으로 된 계명의 율법을 폐하셨으니 이는 이 둘로 자기 안에서 한 새 사람을 지어 화평하게 하시고 또 십자가로 이 둘을 한 몸으로 하나님과 화목하게 하려 하심이라 원수 된 것을 십자가로 소멸하시고
>
> (에베소서 2장 14-16절)

복음은 처음부터 모든 종족과 국가에 속한 사람들을 하나님 앞에서 하나 되게 하는 목적을 가지고 시작되었다. 우리 모두를 하나 되게 한 것은 바로 그리스도의 보혈이다. 전 세계에서 셀 수 없을 정도로 많은 형제와 자매들이 하나가 되고, 그리스도의 보혈을 기억하는 공동체 속에서 정규적으로 예배함으로써 연합을 이루었다.

사람들은 언제나 힘과 권력으로 다른 사람들을 자신의 통치 밑에 두려고 하지만, 그들은 항상 실패로 끝을 맺는다. 그러나 그리스도의 왕국은 보혈의 능력으로 인하여 2,000년 동

안 지속되고 있다.

그분의 보혈은 모든 사람들을 변화시켰다. 사람 고기를 먹는 풍습과 이교도적인 관습이 지배했던 땅을 방문한 사람들은, 그곳에 살았던 사람들이 복음의 영향으로 조화롭게 살아가고 있는 것을 발견하게 된다. 수 십년 동안 생존이 알려지지 않은 채로 난파되었던 배를 탄 사람들이 태평양에 있는 무인도에 살았다는 역사적 기록이 있다. 발견된 기록들은 그들이 난파된 배로부터 구한 신약성경의 원리에 의해 질서를 지켜왔다는 사실을 보여주고 있다. 그 결과 평화와 행복이 넘치고, 서로 이해하고 즐겁게 함께 살아가는 공동체를 이루었다. 천국에서 보혈의 능력으로 변화된 수많은 종족과 나라의 이야기를 들을 수 있을 것이다.

화목하게 하는 용서

그리스도의 보혈을 통하여 화목하는 또 다른 중요한 면은 생활 속에서 서로 용서하는 것이다. 용서는 하나님이 우리를 용서하신 것과 사람끼리 서로 주고 받는 용서를 모두 포함한다.

그리스도는 그의 보혈을 통하여 하나님이 우리가 지금까지 지은 모든 죄를 용서하시도록 보혈을 흘리셨다. 우리가 지금 죄를 범하더라도 하나님께 용서받을 수 있다. 우리를 구원할 때만 용서해 주신 것이 아니라, 계속해서 우리를 용서해 주신다. "그가 빛 가운데 계신 것 같이 우리도 빛 가운데 행하면 우리가 서로 사귐이 있고 그 아들 예수의 피가 우리를 모든 죄에서 깨끗하게 하실 것이요"(요한일서 1장 7절). 예수의 보혈이 깨끗이 할 수 없는 죄나 잘못은 없다. 이러한 진리는 우리가 죄 때문에 고통을 받고 있을 때 위로가 되며, 하나님의 새로운 용서를 구하게 만든다.

예수님의 보혈은 우리가 그리스도의 형상을 닮아감에 따라서 다른 사람을 용서할 수 있는 능력을 주신다. 예수님은 십자가에 달리시면서도 자신을 못 박은 사람들을 위하여 기도했다. "이에 예수께서 이르시되 아버지 저들을 사하여 주옵소서 자기들이 하는 것을 알지 못함이니이다 하시더라 그들이 그의 옷을 나눠 제비 뽑을새"(누가복음 23장 34절). 성경은 기록하고 있다. "할 수 있거든 너희로서는 모든 사람과 더불어 화목하라"(로마서 12장 18절).

화평의 복음 - 화목의 복음

마지막으로 그리스도의 보혈은 화목하게 하는 직분을 주셨다. 우리가 용서받고 하나님과의 관계가 회복되었다면, 우리는 다른 사람들도 죄사함을 받고 하나님과의 관계가 회복되도록 노력해야 한다. "모든 것이 하나님께로서 났으며 그가 그리스도로 말미암아 우리를 자기와 화목하게 하시고 또 우리에게 화목하게 하는 직분을 주셨으니"(고린도후서 5장 18절).

9. 보혈과 변화

우리가 다 수건을 벗은 얼굴로 거울을 보는 것 같이 주의 영광을 보매 그와 같은 형상으로 변화하여 영광에서 영광에 이르니 곧 주의 영으로 말미암음이니라 (고린도후서 3장 18절)

예수님의 보혈이 우리 삶에 주는 세 번째 측면은, 보혈이 그리스도의 형상을 닮아 가는 영적 변화를 가져오는 것이다. 성경은 "그가 거룩하게 된 자들을 한 번의 제사로 영원히 온전하게 하셨느니라."(히브리서 10장 14절)라고 기록하고 있다. 우리가 구원을 얻었다 하더라도, "변화하여… 영광에서 영광"에 이르러야 한다. "우리가 다 수건을 벗은 얼굴로 거울을 보는 것 같이 주의 영광을 보매 그와 같은 형상으로 변화하여 영광에서 영광에 이르니 곧 주의 영으로 말미암음이니라"(고린도후서 3장 18절).

우리는 그리스도의 보혈을 처음 믿었을 때 얻었던 은혜나 유익에 단순히 안주해서는 안된다. 구원의 약속 가운데에서 변화된 삶의 모습을 지녀야 한다. 중생한 삶을 새로 시작해야 한다.

승리하는 능력

주님은 당신의 모든 죄를 제거하기 위하여 피를 흘리셨다. 또한 당신이 시험과 유혹을 이길 수 있도록 함께 하여 주신다. 생활 속에서 무엇인가 잘못되어가고 있을 때, 대부분의 사람들은 애석한 마음을 갖거나 불평하고 저주하기도 한다. "왜 항상 이 모든 일이 나에게 일어나는 것이야?", "왜 나는 항상 혼란 가운에 있어야 해?" 우리가 이와 같이 느끼는 것은 우리를 괴롭히는 참소하는 자들 때문이다. "내가 또 들으니 하늘에 큰 음성이 있어 이르되 이제 우리 하나님의 구원과 능력과 나라와 또 그의 그리스도의 권세가 나타났으니 우리 형제들을 참소하던 자 곧 우리 하나님 앞에서 밤낮 참소하던 자가 쫓겨났고"(요한계시록 12장 10절). 참소하는 자는 "당신이 진정한 그리스도인이라면, 당신에게 결코 어려운 일은 당하지 않는다."라고 우리 생각 속에 우리를 속인다.

당신이 어려움에 직면할 때일수록 기뻐할 수 있다. 왜냐하면, 당신은 이미 승리하는 능력을 약속받았기 때문이다. 예수님의 보혈이 당신에게 승리를 가져다 주기 때문에 참소자들은 쫓겨날 수밖에 없다. 사탄은 '당신은 실패자이며 악한 자'라고 우리에게 말한다. 그러나 당신 안에 있는 악을 제거하고 그리스도의 본성으로 대체할 수 있다면 하나님이 당신에게 주신 능력을 활용할 수 있다.

그러면 이제 우리가 그의 피로 말미암아 의롭다 하심을 받았으니 더욱 그로 말미암아 진노하심에서 구원을 받을 것이니 곧 우리가 원수 되었을 때에 그의 아들의 죽으심으로 말미암아 하나님과 화목하게 되었은즉 화목하게 된 자로서는 더욱 그의 살아나심으로 말미암아 구원을 받을 것이니라 그뿐 아니라 이제 우리로 화목하게 하신 우리 주 예수 그리스도로 말미암아 하나님 안에서 또한 즐거워하느니라 (로마서 5장 9-11절)

매일 죄를 씻어냄

하나님이 당신에게 주신 것 중 하나는 매일 깨끗하게 죄를 씻음 받을 수 있는 것이다. 이 세상의 유혹으로 우리는 방황하고, 그리스도에 대한 헌신을 포기하는 데까지 빠질 수 있다. 이것이 우리가 그의 보혈 안에서 매일 깨끗함을 받아야 할 이유이다. 지금도 예수님의 보혈이 나의 모든 죄를 깨끗하게 한다고 믿는 것은 매우 좋은 생각이다.

염소와 황소의 피와 및 암송아지의 재를 부정한 자에게 뿌려 그 육체를 정결하게 하여 거룩하게 하거든 하물며 영원하신 성령으로 말미암아 흠 없는 자기를 하나님께 드린 그리스도의 피가 어찌 너희 양심을 죽은 행실에서 깨끗하게 하고 살아 계신 하나님을 섬

기게 하지 못하겠느냐 (히브리서 9장 13-14절)

인생을 살아가는 데 있어서 믿는 자에게 가장 큰 위로는 보혈의 정결하게 하는 능력이 현재에도 그리고 영원히 지속된다는 것이다. 매일 살아계신 하나님께 헌신하기 위하여 주님의 보혈로 정결하게 해 달라고 예수님께 간구해야 한다.

매일 기도, 회개, 예배하는 삶

둘째, 희생 제사제도가 더 이상 필요하지 않더라도, 우리는 계속해서 제사제도의 영적인 진리를 배워야 한다. 우리가 회개하고 죄 용서함을 구하고, 예배하고, 하나님의 섭리를 간구하기 위하여 주님 앞에 나아갈 때, 이스라엘 백성들이 순종했던 율법이 가지고 있는 영적 의미를 기억해야 한다. 예를 들어 살펴보자.

- 이스라엘 백성들은 매일 아침과 저녁에 번제를 드려야 한다. 간단하게 말하자면, 제사제도들은 단순히 죄를 용서받기 위한 것뿐 아니라, 하나님 앞에서 전적으로 헌신하기로 결심하는 것이다. 당신은 기도할 때, 하늘에 계신 하나님과 그의 목적을 위하여 매일 새롭게 헌신하고, 그분 앞에서 기쁨을 얻은 것이다.

- 속죄 제사는 하나님과 인간, 인간과 인간을 화목하게 할 목적으로 드려졌음을 기억하자. 예수님은 속죄 제사의 의미에 대하여 말씀하셨다. "그러므로 예물을 제단에 드리려다가 거기서 네 형제에게 원망들을 만한 일이 있는 것이 생각나거든 예물을 제단 앞에 두고 먼저 가서 형제와 화목하고 그 후에 와서 예물을 드리라"(마태복음 5장 23-24절). 당신은 기도할 때, 만약 다른 사람과 올바른 관계에 있지 못하거든, 하나님께 용서를 구하고 화목할 수 있는 길을 찾아야 한다. 만약 배상할 일이 있으면 배상해야 한다.

- 속죄 제사는 자신이 범한 죄에 대하여 의식하지 못하고 있는 사람들을 위한 것이다. 다윗은 속죄 제사가 지닌 이와같은 의미를 생각하면서 기도했다. "하나님이여 나를 살피사 내 마음을 아시며 나를 시험하사 내 뜻을 아옵소서 내게 무슨 악한 행위가 있나 보시고 나를 영원한 길로 인도하소서"(시편 139편 23-24절). 우리도 이와 같이 기도해야 하며, 그리스도의 보혈이 우리의 모든 죄를 영원히 깨끗하게 씻어주셨음을 깨달아야 한다. "친히 나무에 달려 그 몸으로 우리 죄를 담당하셨으니 이는 우리로 죄에 대하여 죽고 의에 대하여 살게 하려 하심이라 그가 채찍에 맞음으로 너희는 나음을 얻었나니"(베드로전서 2장 24절).

죄와 유혹을 이김

예수님의 속죄의 죽음은 부정한 죄를 제거하고, 죄의 권세를 무력하게 만든다. 죄에 대한 징계가 죽음이라 하더라도, 예수님은 죄의 권세를 정복하고, 대적에게서 약탈품을 빼앗고, 믿는 자가 선한 생명의 능력을 경험하도록 한다. 우리에게 하나님의 생명을 주는 보혈에 대한 믿음은 우리로 하여금 매일의 삶 가운데에서 죄를 이기게 하신다. 그분의 보혈은 하나님 앞에서 우리의 죄를 깨끗하게 제거하고, 계속해서 우리의 양심에서 "죽은 행실"을 깨끗하게 씻어준다.

> 하물며 영원하신 성령으로 말미암아 흠 없는 자기를 하나님께 드린 그리스도의 피가 어찌 너희 양심을 죽은 행실에서 깨끗하게 하고 살아 계신 하나님을 섬기게 하지 못하겠느냐
>
> (히브리서 9장 14절)

하나님께 드려진 우리의 삶

하나님은 이 세상에 살고 있는 우리에게 목적을 갖고 계시며, 우리가 목적을 이루어드리는 데 방해가 되는 모든 것을 제거해 주신다. 레위기 8장에서, 아론과 그의 아들들이

제사장 직분을 감당하기 위하여 구별된 것을 보여 주고 있다. 모세가 숫양을 희생 제물로 잡은 후, 그 피를 가져다가 제단에 뿌리고, 아론의 오른쪽 귓부리와 그의 오른쪽 엄지 손가락과 그의 오른쪽 엄지 발가락에 발랐다. 이 의식은 모든 생명을 하나님께 드리겠다는 헌신의 의미를 담고 있다. 우리 삶을 하나님께 헌신하는 상징적 의미를 희생 제사에서 살펴보자.

- 귀는 우리가 듣는 모든 것을 나타낸다. 라디오, 텔레비전, CD, DVD, 토론회 등을 통하여 우리가 듣는 모든 것은 숫양의 존귀한 피를 통하여 걸러져야만 한다.
- 엄지 손가락은 우리가 하고 있는 일과 기술을 의미한다. 이것은 우리의 모든 행동을 의미한다. 우리의 모든 행동은 하나님의 영광을 위하여 그리스도의 능력 안에서 이루어져야 한다.
- 엄지 발가락은 우리가 가고 있는 방향을 상징한다. 이것은 주님과 동행하는 매일의 삶뿐만 아니라 우리의 목표와 계획을 포함한다. 우리는 어디를 가든지 항상 하나님의 마음과 목표를 살펴보아야 한다. 우리는 숫양의 피를 통하여 하나님의 마음을 볼 수 있다.

또한 강력한 힘을 가진 신체의 부분 중에서 혀를 살펴보자. 주님의 보혈이 우리의 혀, 말, 단어 등을 통제하여 주기를 간구할 때, 우리가 쉽게 사용하는 악독, 거짓, 분노, 더러

움, 무익한 말 등을 사용하지 않도록 하나님이 지켜주신 것을 기도해야 한다. 예수님은 친히 말에 대하여 말씀하셨다.

> 내가 너희에게 이르노니 사람이 무슨 무익한 말을 하든지 심판 날에 이에 대하여 심문을 받으리니 네 말로 의롭다 함을 받고 네 말로 정죄함을 받으리라 (마태복음 12장 36-37절)

예수님 형제 요한은 다음과 같이 기록하고 있다.

> 이와 같이 혀도 작은 지체로되 큰 것을 자랑하도다 보라 얼마나 작은 불이 얼마나 많은 나무를 태우는가 혀는 곧 불이요 불의의 세계라 혀는 우리 지체 중에서 온 몸을 더럽히고 삶의 수레바퀴를 불사르나니 그 사르는 것이 지옥 불에서 나느니라 혀는 능히 길들일 사람이 없나니 쉬지 아니하는 악이요 죽이는 독이 가득한 것이라 (야고보서 3장 5-6, 8절)

사도 바울도 '말'에 대하여 주의해야 할 것을 우리에게 권면하고 있다. "그들 가운데 어떤 사람들이 원망하다가 멸망시키는 자에게 멸망하였나니 너희는 그들과 같이 원망하지 말라"(고린도전서 10장 10절).

예수님의 보혈로 우리 안에 있는 그리스도의 능력에 복종할 때, 다루기 힘든 혀를 가져다가 찬양과 경배의 제단으로 만들 수 있는 능력을 소유하게 된다. "그러므로 우리는 예수로 말미암아 항상 찬송의 제사를 하나님께 드리자 이는 그 이름을 증언하는 입술의 열매니라"(히브리서 13장 15절).

또한 우리가 본 것을 예수 그리스도의 보혈의 빛에 비추어보아야 한다. 텔레비전, 인터넷, 잡지, 비디오, DVD, 영화, 책들을 모두 포함한다. 그리스도가 원하시는 목표나 방향에서 우리 마음을 벗어나게 하는 오락이나 일은 피해야 한다. 욥기 31장 3절에서, 욥이 하나님의 목전에서 올바르게 살아가기 위하여 그의 눈과 약속한 것을 볼 수 있다. "내가 내 눈과 약속하였나니 어찌 처녀에게 주목하랴 만일 내 걸음이 길에서 떠났거나 내 마음이 내 눈을 따랐거나 내 손에 더러운 것이 묻었다면 내가 심은 것을 타인이 먹으며 나의 소출이 뿌리째 뽑히기를 바라노라"(욥기 31장 1, 7-8절).

변화를 추구함

우리가 그리스도의 형상으로 변화되기를 원한다면, 그리스도가 흘리신 보혈을 통하여 이루고자하는 목표를 성취해야 한다. 예수님이 본을 보여주신 것처럼 하나님을 사랑하고 헌신하기 위해서는 대가를 치루어야 한다. 모세 시대 때 이스라엘 백성들이 속죄 제사를 드릴 때 "여호와께 향기롭게"

하였다. "그 모든 기름을 화목제물의 기름을 떼어낸 것 같이 떼어내 제단 위에서 불살라 여호와께 향기롭게 할지니 제사장이 그를 위하여 속죄한즉 그가 사함을 받으리라"(레위기 4장 31절). 이것은 우리가 가진 것 중에서 최고의 것을 드리는 것을 상징한다. 하나님의 거룩한 사랑의 불로 정결하게 되기 위해서 새로운 것으로 인정받아야 한다. 속사람이 성령의 역사로 날마다 새롭게 되고, 마침내 하나님의 영광스러운 자녀의 모습으로 변화된다.

이와 같이, 우리가 하나님의 거룩함과 사랑으로 정결함과 새로워짐을 경험하기 위해서는 우리 자신을 하나님께 바쳐야 한다. 또한 우리의 생활이 어린 양의 보혈을 통하여 하나님의 영광을 드러내야 한다.

10. 보혈과 치유

> 친히 나무에 달려 그 몸으로 우리 죄를 담당하셨으니 이는 우리로 죄에 대하여 죽고 의에 대하여 살게 하려 하심이라 그가 채찍에 맞음으로 너희는 나음을 얻었나니 (베드로전서 2장 24절)

나와 당신이 율법의 징벌로부터 자유함을 얻고 하나님의 은혜 안에서 하나님의 영광을 위해 살 수 있도록 오래전에 십자가에서 흘리신 존귀한 보혈에 대하여 하나님께 감사한다. 이것은 단지 우리가 믿고자 하는 사실이 아닌 영적인 실상이다. 우리를 위하여 십자가에서 흘리신 예수 그리스도의 보혈만이 평안, 치료, 구원을 줄 수 있다. 하나님의 초자연적인 역사가 대적의 초자연적인 영향력을 이긴 것이다. 하나님의 영적 능력은 마귀의 머리를 강하게 쳤으며, 마귀의 역사는 무너졌다.

우리의 위대한 치료자

당신이 예수 그리스도의 보혈의 능력과 하나님 언약의 역사하는 능력을 말할 때, 하늘과 땅에서 전쟁은 계속될 것이다. 당신이 살아계신 하나님의 말씀을 담대하게 선포할 때, 어떠한 사건들이 일어나는 것을 알게 된다. 즉, 예수 그리스도의 이름을 외칠 때, 귀신이 도망가고 병이 치유 받을 것이다. 보혈로 인하여, 하나님의 백성들이 기도할 때 많은 기적과 기사, 이적이 일어났다.

앞에서, 우리는 혈액이 육체를 보호하는 것을 살펴보았다. 보혈은 우리가 가지고 있는 질병과 싸운다. 신체의 최전방에서 병원균, 박테리아, 해로운 미생물을 방어한다. 이것은 신체에 해로운 어떤 것에 대해서도 조직적으로 저항하는 힘을 제공했다.

이와 같이, 어린 양의 존귀한 보혈은 보혈의 은혜를 받은 사람을 보호해 준다. 그분은 위대한 치료자로서 사람들에게 생명과 건강을 주신다. 나는 줄곧 예수 그리스도의 이름과 십자가의 보혈로 약한 자와 불구자가 치료받는 것을 보았다.

그가 채찍을 맞음으로 치료받음

어느날, 성령이 나에게 아동 병원에 가서 누군가를 위하여 기도하라고 말씀하셨다. 나는 그 병원에 입원한 사람이 누구인지 알지 못했으나, 주님께 순종했다. 성령이 나를 어린아이의 울음소리를 들을 수 있는 복도로 인도하였다. 나는 아이의 병실에 들어가서 그를 위로하였을 때, 주님이 "너의 손을 그의 배에 얹고 나의 보혈의 언약이 그에게 역사하도록 간구하라."고 말씀하셨다.

나는 주님께서 명령한 대로 손을 그의 배에 얹었을 때 아이는 곧 잠들었다. 의사는 엑스레이 촬영을 한 후, 어린아이가 완전히 치료된 것을 발견하였다. 예수 그리스도의 보혈이 역사하신 것이다. 이사야 선지자는 선포하였다.

> 그가 찔림은 우리의 허물 때문이요 그가 상함은 우리의 죄악 때문이라 그가 징계를 받으므로 우리는 평화를 누리고 그가 채찍에 맞으므로 우리는 나음을 받았도다 (이사야 53장 5절)

채찍이 예수님 등에 있는 살을 찢을 때, 수많은 병과 질병과 상처가 치료받은 것이다. 눈먼 자의 눈과 듣지 못하는 자의 귀가 예수님이 맞은 채찍으로 열린 것이다. 벙어리의 혀가 풀리고, 앉은뱅이가 걸으며, 모든 장애가 고통스러운 채찍으로 변화된 것이다.

   또 다른 상황이 있었다. 내가 한 사람을 놓고 특정한 시간을 정해서 기도하였는데도 나아지지 않자, 나는 슬픔에 빠졌으며, 정신적으로 좌절하게 되었다. 성령이 나에게 다가와 어린 양의 보혈로 간구하도록 역사하셨다.

   나는 외치기 시작했다. "사탄아! 내가 예수 그리스도의 생명과 능력으로 너에게 명령한다. 주님의 이름으로 말하노니 너는 그 사람을 풀어 주고 그를 보내라. 어린 양의 보혈이 대적의 권세로부터 우리를 구원하셨다. 나는 너를 치료하노라."

   내가 보혈에 의지하여 치료를 명령하였을 때, 그 사람이 즉시 변화하는 것을 보기 시작했다. 그 후, 나는 여러번 성령의 역사를 따라 기도하였다. 예수님의 보혈의 역사로 말미암아 사탄은 그 사람을 풀어주고 놓아주었다. 하나님의 능력이 그를 치료하고 고쳐주신 것이다. 나는 피부가 재생되는 것을 보았다.

   어린 양 보혈의 이름으로 사탄을 꾸짖자, 그는 도망하였다. 당신이 하나님의 말씀을 담대히 외칠 때, 대적은 더 이상 머무를 수 없다. 우리를 치료하시기 위하여 예수님이 맞으신 혹독한 채찍으로 인하여, 하나님의 능력이 그때와 동일하게 오늘날에도 역사하신다. 그분의 능력은 결코 약화되지 않았다.

11. 보혈과 구원

또 우리 형제들이 어린 양의 피와 자기들이 증언하는 말씀으로써 그를 이겼으니 그들은 죽기까지 자기들의 생명을 아끼지 아니하였도다 (요한계시록 12장 11절)

어린 양의 보혈에 대하여 하나님이 나에게 주신 여러 가지 계시 중에서, 나에게 큰 힘과 위로가 된 빛나는 소망은 보혈이 우리의 생명과 영적인 평안함을 지켜 주신다는 사실에 있다.

그분의 보혈을 통하여, 우리는 태어날 때부터 가지고 있었던 육체적인 본능을 극복할 수 있다. 보혈을 통하여 우리를 둘러싸고 있는 악과 유혹의 세상을 이길 수 있다. 우리 삶 속에 있는 죄, 거짓된 죄책감, 죄의 권세에서 승리할 수 있으며 원수를 물리칠 수 있다. 우리는 사탄의 등을 치고 그를 물리칠 수 있는 능력과 권위을 갖고 있다.

예수님의 보혈은 교회, 하나님의 새로운 백성을 사탄과 그의 권세로부터 구원한다. 비록 우리가 죽음의 어두운 골짜기를 지날 때에도, 그분의 보혈은 우리가 안전하게 지나가도록 하는 데 부족함이 없다.

나는 주님과 그가 못 박히시던 날에 대한 계시를 받은 캐서린의 저서를 읽은 적이 있다. 그녀는 주님이 묻혔던 무덤에서 영광스러운 몸으로 부활하신 것을 보았다. 그의 상처 입은 손은 영광스럽고, 아름답고, 빛나는 광채를 발하였다.

그녀는 천사들이 주님과 함께 하였고, 사탄은 주님 앞에서 묶인채로 놓여져 있었다. 캐서린은 이 계시를 통하여 주님이 모든 권세와 능력을 갖고 계신 것을 보았다. 사탄이 용처럼 그분 앞에 나타났다. 그들은 서로 붙잡고 싸우기 시작했으며, 지진으로 온 땅이 흔들렸다. 주님은 용의 손에서 죽음과 지옥의 열쇠를 끄집어 내었다. 주님이 흘린 보혈이 있었기에 이것이 가능했던 것이다.

원수의 계략

먼저 우리가 원수와 싸워야 하는 이유를 아는 것은 매우 중요하다. 하나님이 세상을 완전하게 창조하시고 죄 없는 인간을 만드신 후, 불길한 변화가 일어났다. 창세기 3장에서, 우리는 하나님과 함께 했던 첫 번째 남자와 여자가 하나님을 배반한 사탄과 관계를 맺기로 결심한 것을 볼 수 있다.

하와는 뱀의 모습을 지닌 사탄을 만났다. 그녀는 뱀이 제안한 치밀한 유혹에 속아 넘어갔다. 성경에 기록된 이 사건을 통하여, 하나님은 세상을 완전히 파괴하려는 사탄의 의도와 이러한 목적을 달성하기 위하여 사탄이 사용한 방법을 발견할 수 있도록 우리에게 보여주셨다.

사탄의 최고 목표: 인간을 하나님께로부터 분리시킴

사탄의 유일한 목표는 사람들을 하나님과 분리시켜 놓음으로써, 인간을 완전하게 멸망시키는 것이다. 사탄이 인간을 혐오하는 가장 분명한 이유가 창세기 1장 27절에 나타나 있다. "하나님이 자기 형상 곧 하나님의 형상대로 사람을 창조하시되 남자와 여자를 창조하시고"(창세기 1장 27절).

사탄이 하나님을 지독하게 미워하기 때문에, 하나님의 형상으로 창조된 인간까지도 미워하는 것은 당연한 것이다. 따라서 우리는 사탄의 공격과 고통의 대상이다. 그가 하나님을 직접 공격할 수 없기 때문에, 그가 창조한 것들, 특별히 하나님의 본성을 갖고 창조된 피조물을 공격함으로써 하나님을 간접적으로 공격하는 것이다.

이것은 우리가 사탄의 분노와 미움의 목표물이 되었을 때 놀라지 말아야 될 이유를 보여주고 있다. 사탄과 인간 사이에 맺어진 관계는 굶주린 사자와 연약한 양의 관계와 같다. 아담과 하와가 뱀의 말을 들었을 때, 치명적인 날을 맞이한 것이다. 사탄은 계속해서 사람을 잡아 먹으려고 성큼성큼 다가온다. "근신하라 깨어라 너희 대적 마귀가 우는 사자 같이 두루 다니며 삼킬 자를 찾나니"(베드로전서 5장 8절).

어느 날 밤, 내가 깨어나서 보니 벽, 바닥, 집 밖에까지 모든 것이 붉게 덮혀 있는 것처럼 보였다. 창문 밖을 바라보자, 집 주위에 울타리가 세워져 있는 것이 보였다. 하나님의 평안이 가까이 오더니 그의 목소리가 들렸다. "딸아, 나는 네 주위의 화염벽이 될 것이다. 그리고 그늘이 되어 너를 보호하고 보살필 것이다. 나를 사랑하고 내 계명을 지키는 나의 사랑스러운 자녀들에게 이렇게 할 것이다."

나는 하나님 안에서 잠들었다. 나는 하나님의 말씀이 살아 움직였을 때, 불과 영광, 능력을 보기 시작했다. 나는 이전에 보지 못했던 예수님의 보혈로 덮은 것 같은 물건을 보았다. 그것은 방어용 방패였다. 나는 내가 설교하고 기도하는 모든 곳에서 어린 양의 보혈에 대하여 말한다. 왜냐하면 그것은 나를 보호하시는 하나님의 능력이기 때문이다.

인간 안에 있는 하나님의 거룩한 형상과 그의 보혈로 믿는 자들을 주신 보호막 때문에, 우리를 공격하기 위하여 사탄이 사용하는 유혹, 시험, 속임수 등 교활한 방법들은 제한을 받는다. 그러나 이러한 방법들이 지난 수 천년 동안 수많은 사람을 유혹하고 노예로 삼는 데 충분한 힘을 가지고 있었다. 이것이 모든 세대의 비극이다.

사탄이 사용하는 간단한 시험

여러 면에서 사탄의 시험을 살펴볼 때, 사탄은 어렵게 우리를 공격하지 않는다. 왜냐하면 우리 대부분은 죄에 대한 경향성을 가지고 있기 때문이다. 사탄은 우리가 죄를 범하도록 강하게 압박하기 보다는 우리가 죄에 넘어가도록 교활한 방법을 사용한다. 그는 유혹, 꾐, 속임수 등 할 수 있는 모든 수단을 동원하여 우리를 공격한다. 우리가 사탄에게 굴복할 때, 우리 마음은 하나님께 불순종하게 하는 강한 정욕의 지배를 받게 된다. 성경은 기록하고 있다.

> 오직 각 사람이 시험을 받는 것은 자기 욕심에 끌려 미혹됨이니
> 욕심이 잉태한즉 죄를 낳고 죄가 장성한즉 사망을 낳느니라
> (야고보서 1장 14-15절)

사탄은 당신과 나를 유혹하려고 수시로 계획하고 있다. 때때로 교묘한 방법으로 다가오지만, 어느 때는 드러내놓고 공격해 온다. 그는 우리가 '세상'이라고 부르는 영역에서 활

동한다. 세상은 우리가 살아가고, 생각하고, 행동하는 곳이다. 우리는 주 7일, 하루 24시간 드라마와 같은 연기를 하면서 살아간다. 우리는 매일 참을 수 없고 이겨낼 수 없는 세력과 맞서게 된다.

"필리스틴(블레셋)"의 공격

이스라엘의 오랜 원수인 필리스틴은 이스라엘의 국력이 약해진 것을 발견할 때마다 하나님의 백성을 공격하였다. 성경은 필리스틴을 하나님의 백성을 방해하고 적대시하며, 노예로 삼으려는 세상에 있는 모든 세력의 대표로 묘사하고 있다.

이처럼 사탄은 하나님의 백성을 공격하려는 약간의 욕구라도 지닌 사람에게 힘을 부여하고 대담해지도록 용기를 준다. 사탄은 어떤 상황에서도 자신의 목표를 포기하지 않으며, 믿는 자를 타락시키기 위하여 참소하고, 좌절시키고, 유혹하는 것을 절대로 멈추지 않는다.

그러나 새로운 기쁜 소식이 있다. 예수님이 친히 말씀으로 우리에게 확신을 주신 것이다. 우리가 하나님을 신뢰하고 의지한다면, 어떤 대적에게도 결코 패배하지 않는다는 믿음을 주셨다. 어떤 권세도 하나님의 뜻에 믿음으로 순종하는 자를 공격할 수는 없다. 선지자 이사야의 말이다.

> 너를 치려고 제조된 모든 연장이 쓸모가 없을 것이라 일어나 너를 대적하여 송사하는 모든 혀는 네게 정죄를 당하리니 이는 여호와의 종들의 기업이요 이는 그들이 내게서 얻은 공의니라 여호와의 말씀이니라 (이사야 54장 17절)

내가 승리하기를 원한다면, 만군의 하나님의 이름으로 원수를 대적해야 하는 것을 확실하게 알게 되었다.

> 우리가 육신으로 행하나 육신에 따라 싸우지 아니하노니 우리의 싸우는 무기는 육신에 속한 것이 아니요 오직 어떤 견고한 진도 무너뜨리는 하나님의 능력이라 모든 이론을 무너뜨리며 하나님 아는 것을 대적하여 높아진 것을 다 무너뜨리고 모든 생각을 사로잡아 그리스도에게 복종하게 하니 (고린도후서 10장 3-5절)

죄와 어둠의 권세는 계속해서 하나님의 자녀들에게 도전한다. 보혈의 영역은 싸움과 갈등이 계속 이어지는 장소이다. 선과 악과의 싸움이 멈추지 않는 곳이다. 가끔 대적인 영적 공격이 인간적인 공격의 형태로 이루어지고 있다. 우리는 계속해서 사회 안에 있는 도덕적 원수들과 싸우고 있다. 우리는 하나님의 진리를 수호하기 위하여 싸운다. 우리는 사악하고 악한 것들과 싸운다. 그리고 우리는 억압과 불의에 대항한다.

우리의 영적인 대적과의 끝없는 싸움은 개인적인 측면 뿐 아니라, 우리의 가족과 국가를 위한 것이다. 불법적인 마약 거래와 포르노 산업은 오늘날 필리스틴의 군대 안에 있는 큰 조직이다. 낙태도 마찬가지이다. 폭력을 행사하고 도덕성을 왜곡시키는 자들은 보혈의 영역에 서서 우리의 가족과 국가를 붕괴시키려고 모의하는 필리스틴이다.

나는 믿는 자들이 똑바로 서서 외쳐야 할 때가 지금이라고 믿는다. 오늘날은 침묵 가운데에서 평화를 지킬 때가 아니다. 악에 대항하여 외쳐야 한다. 우리는 공동체의 기본적인 기준을 붕괴시키고 인간의 도덕성을 부패시키는 것들에 대하여 공개적으로 맞서야 할 필요가 있다. 우리가 인식하든지 못하든지 간에, 원수는 항상 보혈의 영역에서 우리를 기다리고 있다.

내가 예배에서 설교를 하고 있을 때, 주님은 예배에 참석한 사람들에게 내가 말해야 할 것을 가르쳐 주셨으며, 그들에게 측은한 마음을 갖도록 하셨다. 나는 우리 눈과 손, 육체의 타락한 모습과 죄악에 대하여 설교하였다. 성령님이 내 마음 속에서 강하게 역사하셨으나, 나는 사람들에게 차분하게 설교하였다. 나는 우리들의 유일한 소망은 예수의 이름이라고 말하였다. 설교를 들은 후 그들은 자신들을 어지럽게 하고 괴롭혔던 억압과 악한 영에서 구원을 얻었다.

내가 예수 이름과 어린 양의 보혈의 능력에 대하여 이야기를 시작할 때, 교회 뒤쪽에 한 환상이 펼쳐졌다. 그것은 큰 비둘기였다. 비둘기는 붉고 불로 충만해 있었다. 비둘기가 이리 저리 날개를 치면서 날아 다닐 때, 굉장한 불덩어리가 비둘기에서 나왔다. 불덩어리가 사람들에게 떨어지자, 그들은 피와 혼합되고 연기를 뿜었다. 어떤 사람들은 일어나서 "예수님, 나를 구원하소서. 내 죄를 회개합니다."라고 외쳤다.

사람들이 설교단 앞에 나와서 어린 양의 보혈과 하나님의 말씀으로 깨끗하여지고, 정결함을 얻었다. 이것은 하나님의 임재와 아름다운 역사였다. 이날 수많은 사람들이 구원을 받았다. 우리가 하나님의 말씀을 선포할 때, 성령의 능력이 임하였고 사람들은 구원과 소망을 갖게 되었다. 우리는 왜곡되고 죄 많은 세상에서 살아가고 있다. 우리는 아버지의 뜻에 따라 역사하는 성령의 능력 안에서 하나님과 동행해야 한다.

십자가를 통한 구원

내가 여러 교회에서 설교할 때, 하나님의 불이 제단 위에 있는 환상을 보았던 모든 곳에서 구원의 역사가 일어난 것을 알고 있다. 천사들이 여러 번 제단을 만지면서 하나님께 경배하며 주님을 찬미하는 것을 보았다.

　내가 교회로 다시 돌아와 예배를 드릴 때, 하나님의 영광이 강력한 환상 중에 있는 것을 보았다. 천사들이 높이가 약 15피트(약 4.5m) 되는 십자가를 지고 교회로 들어오는 것을 보았다. 그들은 불이 타오르는 제단으로 갔다. 그들은 제단 주변의 바닥을 파고 제단 앞에 십자가를 세웠다. 십자가는 고정되었으나, 양쪽과 꼭대기에서 불을 뿜어내었다. 나는 이러한 환상을 여러 번 보았으며, 그때마다 큰 구원의 역사가 나타났다. 많은 사람들이 제단 앞에 나와서 죄 사함을 받고 신비로운 방법으로 구원을 얻었다. 이것은 말로 표현할 수 없는 경이로운 광경이었다.

　내가 본 것에 대하여 놀라움을 감추지 못하면서, 주님께 "하나님, 이것이 무슨 일입니까? 이것이 하나님의 거룩한 말씀 안에서 갖는 의미는 무엇입니까?"라고 기도하기 시작했다. 주님은 나에게 말씀하셨다.

　그들에게 불을 내린 제단은 나의 진리의 말씀이 선포되기 시작하는 제단을 상징한다. 거룩하고 기름 부음 받은 사역자들이 하나님의 말씀과 네가 본 십자가로 무리를 정결하게 한다. 내가 거기에 십자가를 세웠으며, 성령이 구원의 목적과 하나님 말씀이 완전하게 성취되도록 그들과 함께 하신 것이다. 또한 그들이 나에게 간구했던 능력의 역사가 모두 이루어졌다는 것을 상징한다. 사역자들이 십자가의 영원하고 강한 능력으로 하나님의 순전하고 거룩한 말씀을 선포하는 것을 의미한다.

나는 모든 곳에서 동일한 환상을 보았다. 내가 천사들이 활동하는 것을 자세히 보았는 데, 마치 영화 스크린을 보는 것 같았다. 여러 곳에서 천사들이 청소부들처럼 교회에 들어와서 교회의 모든 악한 권세를 쓸어내기 시작하는 것을 보았다. 그들은 고리가 채워진 사람들을 자유롭게 해주었다.

한번은 예배 드리는 것을 사람들이 사진을 찍은 후 현상을 하였을 때, 우리가 기도해 주었던 사람들 주위에 불이 있는 것을 보았다. 그것은 빛나는 붉은 색을 띄고 있었으며, 그리스도의 보혈에 대한 계시로 보였기 때문에 나는 매우 흥분하였다. 천사들이 하나님을 위하여 영적 영역에서 이와같이 활동하는 것이 나에게는 매우 신비로웠다. 나를 놀라게 한 이러한 일이 일어난다 하더라도, 모든 교회와 모임에게 일어나는 것은 아니다.

어느 날, 주님이 나에게 주신 계시에 대하여 말씀하시기 시작하였을 때, 나는 기도 중에 있었다.

나의 딸아, 나는 너에게 여러 번 계시를 보여줄 것이다. 그러나 내가 너에게 보여준 것은 지금 현재의 상황에 대한 것이 아니라는 것을 깨달아야 한다. 그것은 미래에 관한 것이며, 세계의 다른 곳에서 일어날 사건에 관한 것이다. 너는 복음의 중간 역할을 하기 위해서 계시를 받은 것이다. 내 말에

귀를 기울여라. 그리고 어떻게 기도할 것인가에 대하여 지시할 것이다.

가끔, 사람들은 계시를 받을 것이다. 그들은 침대 옆에서 자신이 받은 계시가 무엇인가를 생각할 것이다. 또한 자신들이 보았던 계시에 대하여 방안에서 혼자 생각할 것이다. 그러나 이렇게 해서는 안된다. 나는 거룩한 하나님이고 나의 자녀들의 보호자이다. 내가 너에게 보여준 진리와 비밀을 세계 모든 사람들에게 드러내야 한다.

나는 너에게 원수 사탄의 역사 중 하나를 보여주었다. 너는 기도할 수 있다. 언약의 피, 내가 흘린 보혈은 사탄의 통로와 길을 완전히 차단시킬 것이다.

나는 "예, 주님!" 하고 진심으로 외쳤다.

한참 후에 나는 피닉스에서 복음을 선포하였다. 우리 중에 몇 사람은 도시를 위하여 중보기도를 하였다. 우리는 기도하는 중에 잠이 들었다. 그러나 새벽 3시에 깨어났다. 내가 느끼기에는 몇 시간 동안 깨어 있었던 것 같았다.

내가 천장을 보고 있을 때, 눈 앞에 무엇인가 나타났다. 천장을 통하여 엄청난 영적인 것이 나와서 주변을 돌고 있었다. 그것의 한 쪽 끝에 8인치나 12인치 되는 작은 구멍이 있었다. 나는 열려진 작은 문을 보았다.

나는 이문을 통하여 크리스탈 볼을 가진 마녀가 테이블 위에 앉아 있는 것을 볼 수 있었다. 그녀가 크리스탈 볼을 통하여 내가 있었던 곳을 보고 있는 것을 알게 되었다. 또한 하나님이 내가 과거에 보았던 것이 무엇이었는가를 나에게 알려 주시기 위한 것임을 깨닫게 되었다. 하나님은 내가 어떻게 기도해야 할 것인가를 알게 하시려고 마녀를 사용하신 것이다. 나는 계시의 전체적인 시나리오를 빨리 이해하였다. 그리고 문이 닫히자, 모든 것이 방 밖으로 사라졌다.

나는 일어나서 "주님, 계시의 의미가 무엇인지 말씀해 주시기를 원합니다."라고 말하자 하나님이 나에게 말씀하셨다.

나는 너에게 사탄의 계략을 보여준 것이다. 많은 마녀와 마법사들은 이땅에서 사탄을 위하여 일한다. 그들은 크리스탈 볼을 가지고 있다. 그들은 항공로를 통하여 어디로 갈 것인가를 알고 있으며, 나의 보혈이 아직 역사하고 있지 않는 땅을 찾기 위하여 정탐하고 있다. 보혈은 오직 기도와 나에 대한 믿음과 하나님의 언약을 통하여 역사하신다. 많은 사람들은 너와 마찬가지로 나의 보호하심에 대하여 의심하고 있다.

나의 의로 나의 자녀들을 덮어줄 때, 그들은 내 앞에서 거룩한 삶을 살아가고 최선의 다할 것이다. 속죄를 위한 나의 언약은 그들과 가족들을 위해 내가 세운 것이다. 그들과 그의 자녀들이 어디에 있든지, 나의 울타리가 그들을 둘러 싸고 보호할 것이다.

많은 사람들은 이것을 믿지 못하지만, 너는 믿고 있다는 것을 나는 알고 있다. 나는 여러번 너의 자녀와 친족에게 행한 것들을 너에게 보여 주었다. 여러번 나는 네 가족들을 길을 막고 있는 악한 것에서 구원해 주었다.

내가 2,000여년 전에 흘렸던 피로 육체의 질병을 치료해 주겠다는 나의 언약은 오늘날까지 유효하다. 나의 언약은 너와 당신을 위한 약속이다.

네가 본 열려져 있는 작은 문을 지닌 무기같은 물체는 네가 집에 있을 때, 영적 영역을 통하여 크리스탈 볼로부터 나오는 통로이다.

나는 네가 기도하도록 공중에 이것을 달아놓아 보게 한 것이다. 자세히 보아라. 그리고 내가 너에게 다른 것을 보여 주리라.

그리고 하나님은 나에게 큰 텔레비전 스크린 같은 것을 보여 주었다. 나는 여자의 얼굴을 보게 되었고, 만약 그녀가 인간의 육체로 나타난다면, 지금이라도 그녀를 구별할 수 있을 것이다. 그녀는 확실하게 보였으며, 크리스탈 볼 위에 붙어 있었고 큰 소리로 외치고 있었다. 그리고 사탄이 고함치면서 그녀에게로 와서 소리치기 시작했다. "왜 너는 그녀가 너를 보게 했는가?"라고 사탄이 소리쳤다.

여자와 사탄은 으르렁거리기 시작했다. 마침내 싸움이 시작되고 서로 더 큰 소리로 고함쳤다. 나는 사탄이 큰 입을 가지고 모든 사람들에게 말하는 사악한 여자에게 말하는 것을 들었다. 등치가 큰 사탄은 분노하면서 벽을 두드리고 고래고래 소리치기 시작하였다. 사탄이 문을 통해 가버리자 주님이 갑자기 나에게 말씀하셨다.

나의 피를 의지하라! 내가 흘린 피에 호소하라.

2,000여년 전에 흘리신 예수님의 보혈이 갖고 있는 생명과 권능은 이와 같은 상황에서도 결코 능력이 상실되지 않는다. 보혈은 죄의 영적 영역의 근원지인 크리스탈 볼을 능력으로 이겼다. 보혈이 크리스탈 볼의 문을 닫았다.

나는 주님을 믿기 때문에 그가 말씀하신대로 움직였다. 내가 기도하기 시작했을 때, 피로 물든 볼을 보았다. 나는 연기가 수증기처럼 올라오는 것을 보았다. 하나님의 능력이 공간을 통하여 내려오면서 여자의 크리스탈 볼을 폭발시키는 것을 보았다. 그녀는 소리치면서 방 안에서 도망쳤다.

주님은 나에게 말씀하셨다. "네가 여기서 한 것처럼, 내가 너를 보내는 곳에서도 기도하라. 크리스탈 볼을 가진 다른 사람들을 위해 지금 기도하라."

내가 오랫동안 기도한 후, 그분은 기도하는 방법을 보여주셨다. 그의 천사들이 성경을 통하여 기도하는 방법을 가르쳐주었다. "진실로 너희에게 이르노니 무엇이든지 너희가 땅에서 매면 하늘에서도 매일 것이요 무엇이든지 땅에서 풀면 하늘에서도 풀리리라"(마태복음 18장 18절). 그리고 그의 존귀한 보혈에 어떻게 호소하고, 하나님의 말씀을 어떻게 의지해야 하는가를 보여주셨다. 내가 기도할 때마다, 수많은 사람들이 큰 구원을 얻게 되었다. 영적인 영역에서, 나는 천사들이 하나님의 백성에게 대적하는 원수들을 흩어 놓는 것을 보았다. 또 한 환상에서는 수천 명의 원수들이 한번에 흩어지는 것을 보았다.

나는 또 초자연적인 속박 속에 있는 사람들이 구원받는 것을 보았다. 끈과 줄이 사람들을 묶고 있었지만, 불이 그것들에게 내려와 완전히 태워버리는 것을 보았다. 하나님은 그의 거룩한 성령의 능력을 통하여 이와 같이 놀라운 계시를 나에게 주신 것이다. 나는 참 좋으신 위대하신 하나님을 생각했다.

그때 나는 성령의 비둘기가 하늘을 향해 나는 것을 보았다. 하나님은 그의 영으로 사람들을 다시 모으셨다. 나는 하나님의 축복과 기쁨을 보고서 큰 행복과 감동을 경험했다. 나는 선이 악과 대항하여 싸우는 영적 전쟁 속에 살아가고 있는 것을 이해하기 시작했다.

사탄에게 빼앗긴 것을 찾아옴

나는 또한 원수가 우리의 찬양하는 영역에 가끔 침입하는 것을 보았다. 그는 개인적인 예배 중에 침입하여 하나님의 일을 조롱한다. 사탄은 찬양의 영역에도 침입한다. 우리가 그것을 허용한다면, 사탄은 그의 소유가 아니었던 장소들까지도 정복한다. 그는 급하게 하나님의 영역을 침입하여 우리가 그에게 허용한 모든 것을 탈취할 계획을 세운다. 그러나 우리는 원수에게 굴복해서는 안된다. 예수님의 보혈은 사탄이 속임수와 교활한 방법을 사용하여 우리에게 빼앗아 간 것을 다시 찾을 수 있도록 역사한다. 우리는 그리스도 안에서 세상의 평화를 누릴 수 있다.

> 아버지께서는 모든 충만으로 예수 안에 거하게 하시고 그의 십자가의 피로 화평을 이루사 만물 곧 땅에 있는 것들이나 하늘에 있는 것들이 그로 말미암아 자기와 화목하게 되기를 기뻐하심이라
>
> (골로새서 1장 19-20절)

올해 12살 된 소녀를 위하여 기도한 적이 있었다. 그녀는 병에 걸려 괴로움을 겪고 있었다. 내가 그를 위하여 기도할 때, 어떤 사람을 통하여 사진을 찍도록 하고 싶은 마음이 생겼다. 사진을 찍기 위하여 그를 벽 앞에 세웠다. 사진을 현상

한 후, 전체 벽이 붉은 것으로 덮여 있는 것을 보았다. 주님은 "이것은 아이를 깨끗하게 씻어 준 나의 피다."라고 말씀하셨다. 나는 어린 양의 보혈을 주신 하나님을 찬양했다.

사탄의 거짓에 대항하라고 하나님이 나를 부르셨다는 것을 믿는다. 오랫동안, 여러 곳에서 나는 이 일을 감당했다. 내 자녀들이 마약을 복용하고 있을 때, 예수 그리스도의 능력으로 그들이 자유함을 얻도록 기도했다. 나는 실제로 하늘에서 나의 아들을 놓고 사탄, 마귀들이 하나님의 천사들과 대항하여 싸우는 것을 보았다.

나는 기도했고, 성령님은 나에게 능력을 주면서 다음과 같이 말씀하셨다. "권능과 영생 그리고 2,000년 전에 갈보리에서 흘리신 예수 그리스도의 보혈은 지금도 강하게 역사하고 있다." 나는 자녀들을 위해 하나님의 말씀을 붙잡았다. 나는 말씀 위에 서서 사탄을 향하여 전진했다. 말씀이 사탄과 마귀의 영들을 넘어뜨리는 것을 보았다. 하나님은 어린 양의 보혈을 통하여 매 순간마다 나의 아들을 위하여 역사하셨다.

어떤 특별한 날에, 영적인 전쟁으로 나의 영이 심히 분노하였다. 영적 전쟁을 위하여 전심으로 하나님께 간구하였다. 때때로, 나의 영혼을 하나님께 온전히 맡겼을 때 나의 심령이 실제로 신음하고 있었다. 회개의 눈물을 쏟으면서 하나님의 구원을 간절히 구하였다. 나는 내가 신뢰하는 사람들을 만나서 중보기도를 요청했다. 그들은 순전한 기도의 용사들이었다.

갑자기, 하나님이 나에게 말씀하셨다. 내가 들은 적이 있거나 나의 심령에 강한 인생을 주었던 목소리 같았지만, 나는 알 수가 없었다. 내가 알 수 있었던 것은 구별되고 깨끗하고 정확한 소리였다는 것뿐이다. 그분은 나에게 말씀하셨다.

나의 딸아, 마음을 강하게 하라! 보혈의 영역에 굳게 서라. 너는 싸울 필요가 없다. 너의 주인되시는 하나님이 친히 너를 대신하여 싸우리라.

나의 무거운 짐이 즉시 가벼워졌다. 마치 어둠과 짙은 구름 속에서 태양이 갑자기 폭발한 것 같았다. 나는 자유롭고 마음껏 기도할 수 있었다. 나의 영혼이 소생하였고 나의 마음이 기쁨으로 충만해졌다. 나는 그분의 마지막 구절을 기억할 수 있었다.

> 그러므로 형제들아 우리가 예수의 피를 힘입어 성소에 들어갈 담력을 얻었나니 그 길은 우리를 위하여 휘장 가운데로 열어 놓으신 새로운 살 길이요 휘장은 곧 그의 육체니라 또 하나님의 집 다스리는 큰 제사장이 계시매 우리가 마음에 뿌림을 받아 악한 양심으로부터 벗어나고 몸은 맑은 물로 씻음을 받았으니 참 마음과 온전한 믿음으로 하나님께 나아가자 (히브리서 10장 19-22절)

보혈의 골짜기

구약 성경에는 유다, 이스라엘, 에돔의 왕들이 그들의 원수인 모압에 대항하기 위하여 연합한 사건들이 기록되어 있다(열왕기상 3장을 보라). 그 때 상황은 큰 재앙에 직면한듯 거의 절망적이었다. 왕들이 하나님의 선지자에게 자문을 구하자, 엘리사는 깊은 골짜기에 개천을 많이 파라고 말하였다. 거기에 바람이 없고, 비도 없을지라도, 하나님은 골짜기의 개천을 물로 채워주실 것이다. 더 나아가 하나님은 그들에게 모압 사람들을 넘겨 승리하도록 하신다.

그들이 이상한 명령을 이해할 수 없었지만, 하나님께 복종하고 골짜기에 개천을 판 것이다. 모압 군대가 유다, 이스라엘, 에돔 군대가 온다는 이야기를 듣고, 그들과 싸우기 위하여 자신 있게 전진하였다. 이른 아침에 그들이 산을 넘어서 공격할 때, 갑자기 골짜기에 피가 가득찬 것같은 광경을 보게 되었다. 골짜기는 물로 가득차 있었는 데, 떠오르는 해가 물에 비쳐서 마치 거대한 골짜기에 붉은 피가 가득한 것처럼 보이게 한 것이다.

모압은 틀림없이 유다, 이스라엘, 에돔의 군대가 서로 싸워서 죽은 것이라고 확신하고 노략하기 위하여 이스라엘로 급하게 전진하였다. 하나님의 사람들이 숨어 있다가 그들을 공격하여 영광스러운 승리를 했다.

피의 골짜기는 성도들이 얻을 승리의 상징이다. 그리스도의 보혈은 항상 원수를 물리친다. 보혈 앞에서 사탄은 도망한다. 나는 자주 사탄을 대항하거나 고난을 당할 때 보혈을 의지한다. 하나님의 능력이 내 앞에서 역사한다. 그리스도의 보혈은 결코 무력해지지 않는다. 그리스도의 보혈은 모든 성도들에게 능력으로 임한다.

성경은 원수와 우리 죄의 본성을 이기기 위해서 우리가 가져야할 능력에 대하여 여러 부분에서 말씀하고 있다.

> 그런즉 너희는 하나님께 복종할지어다 마귀를 대적하라 그리하면 너희를 피하리라 (야고보서 4장 7절)

> 분을 내어도 죄를 짓지 말며 해가 지도록 분을 품지 말고 마귀에게 틈을 주지 말라 (에베소서 4장 26-27절)

> 그러므로 너희는 죄가 너희 죽을 몸을 지배하지 못하게 하여 몸의 사욕에 순종하지 말고 또한 너희 지체를 불의의 무기로 죄에게 내주지 말고 오직 너희 자신을 죽은 자 가운데서 다시 살아난 자 같이 하나님께 드리며 너희 지체를 의의 무기로 하나님께 드리라 죄가 너희를 주장하지 못하리니 이는 너희가 법 아래에 있지 아니하고 은혜 아래에 있음이라 (로마서 6장 12-14절)

> 간음한 여인들아 세상과 벗된 것이 하나님과 원수 됨을 알지 못하
> 느냐 그런즉 누구든지 세상과 벗이 되고자 하는 자는 스스로 하나
> 님과 원수 되는 것이니라 (야고보서 4장 4절)

원수는 우리의 무관심, 방심, 불순종, 타협 등을 이용하여 우리가 가지고 있는 것들을 빼앗아 간다. 우리는 말씀에 굳게 서서 마귀의 유혹에 대항해야 한다. 하나님의 존귀한 어린 양이신 예수 그리스도는 우리의 위대한 승리자로서 보혈의 경계에 서 계신다. 그분은 우리를 위하여 우리와 함께 싸워주시고, 우리 앞에 놓여 있는 거대한 장벽을 무너뜨릴 수 있도록 우리를 돕는다.

보혈의 승리

예수님이 갈보리 십자가 위에서 죽으실 때, 그는 우리를 위하여 그의 생명의 피가 나오는 근원을 우리에게 열어주셨다. 우리는 이 보혈로 사탄과 영적 세계 아래에 있는 어둠의 권세자들을 물리친다. 보혈은 죽음과 지옥과 무덤을 이기신 그리스도의 승리를 축하하는 하나님이 주신 우승컵이다. 예수님은 "곧 살아 있는 자라 내가 전에 죽었었노라 볼지어다 이제 세세토록 살아 있어 사망과 음부의 열쇠를 가졌노니"

(요한계시록 1장 18절)라고 말씀하신다. 당신과 나의 눈으로는 그의 보혈을 볼 수 없지만, 마귀와 다른 모든 더러운 영들은 그것을 볼 수 있다고 확신할 수 있다. 그들은 피를 두려워하고 있다. 그들은 피를 보고 도망한다. 그들은 예수 그리스도의 보혈 앞에 머무를 수 없다.

사탄은 그리스도의 죽음이 자신을 물리치는 것이 되리라고는 생각하지 못했다. 그러나 선지자들은 오랜 세월 동안 보혈의 능력을 예언했다. 바울은 이러한 진리를 "은밀하고, 감추인 지혜"라고 말한다.

> 오직 은밀한 가운데 있는 하나님의 지혜를 말하는 것으로서 곧 감추어졌던 것인데 하나님이 우리의 영광을 위하여 만세 전에 미리 정하신 것이라 이 지혜는 이 세대의 통치자들이 한 사람도 알지 못하였나니 만일 알았더라면 영광의 주를 십자가에 못 박지 아니하였으리라 (고린도전서 2장 7-8절)

사탄과 그의 악령들은 갈보리에서 완전히 실패하였다. 우리 영혼에 대한 그들의 소유권을 상실한 것이다. 예수님의 보혈은 그들의 실패를 영원히 기억하게 한다. 사탄이 소유하고 있는 비도덕적인 것과 영적 지옥은 축소되고 이제 허울 좋은 능력만 갖고 있다. 예수님이 죽던 그날 사탄의 능력은 완전히 무기력해지고 공허한 것이 되었다. 예수님의 보혈로 인하여, 그들은 현재 살아가고 있는 성도들의 영혼에 어떠한 영향도 미치지 못하고 있다.

이것이 성도들이 원수와 치열한 영적 전쟁을 할 때 "피를 의지"하는 이유이다. 사도 바울은 성도가 그리스도의 보혈을 통하여 승리하는 것에 대하여 기록하고 있다.

> 또 범죄와 육체의 무할례로 죽었던 너희를 하나님이 그와 함께 살리시고 우리의 모든 죄를 사하시고, 우리를 거스르고 불리하게 하는 법조문으로 쓴 증서를 지우시고 제하여 버리사 십자가에 못 박으시고, 통치자들과 권세들을 무력화하여 드러내어 구경거리로 삼으시고 십자가로 그들을 이기셨느니라 (골로새서 2장 13-15절)

어린 양에 대한 또 다른 환상 중에서, 특별한 문제와 악한 권세자들에 의해서 공격 당한 것을 놓고 기도하였다. 우리는 교회에서 사람들을 위하여 기도하였는데, 그들은 어떻게 대처해야 할 줄 모르는 당황스럽고 이상한 사탄의 공격을 많이 받고 있었다. 그러나 성령님이 나에게 임하셨을 때 모두 함께 찬양하기 시작했다.

> 예수 그리스도의 생명과 능력으로 우리가 명령하니
> 사탄아, 물러가라!
> 예수 이름으로, 너는 완전히 사로잡혔다.

오래전에 갈보리에서 흘리신 어린 양의 피가
사탄의 권세를 이겼다.
예수의 능력은 영원히 변함없다.
예수 그리스도의 생명과 능력으로 명령하니
너는 물러가라!

우리가 함께 찬양을 할 때 기도하는 곳에 영적 충만과 자유가 넘쳤다. 이날 우리는 어린 양의 보혈로 승리한 것이다.

그리스도의 보혈은 '죽음의 천사'로부터 우리를 보호하시는 위대한 능력이다.

> 내가 애굽 땅을 칠 때에 그 피가 너희가 사는 집에 있어서 너희를 위하여 표적이 될지라 내가 피를 볼 때에 너희를 넘어가리니 재앙이 너희에게 내려 멸하지 아니하리라 (출애굽기 12장 13절)

재앙은 현실적이고 육체적인 죽음을 언급한다. 죽음의 천사가 온 땅을 두루 다니면서 처음 태생을 죽이는 애굽에 대한 하나님의 심판을 집행한 것이다. 피를 문에 바르지 아니한 집에 있었던 수천 명이 그날 밤 죽었다. 그러나 하나님의 명령을 믿고 순종하여 문설주에 피를 바른 사람들은 하나님의 진노에서 살아남았다.

이와 유사하게, 보혈을 우리 영혼에 영적으로 적용할 때,

우리는 하나님과 영원히 분리되는 둘째 사망에서 안전할 수 있다. 예수님은 "무릇 살아서 나를 믿는 자는 영원히 죽지 아니하리니 이것을 네가 믿느냐"(요한복음 11장 26절)라고 말씀하셨다. 그러나 예수님은 다음과 같이 말씀하셨다.

> 그러나 두려워하는 자들과 믿지 아니하는 자들과 흉악한 자들과 살인자들과 음행하는 자들과 점술가들과 우상 숭배자들과 거짓말하는 모든 자들은 불과 유황으로 타는 못에 던져지리니 이것이 둘째 사망이라 (요한계시록 21장 8절)

나는 하나님께 감사한다. 우리는 죄의 유혹을 물리치고 과거의 죄에서 깨끗하게 씻김을 받았다. 또한 우리는 언제나 우리를 멸망시키려고 노리는 모든 원수인 사탄을 "어린 양의 피와 자기들이 증언하는 말씀"으로 이겼다. "또 우리 형제들이 어린 양의 피와 자기들이 증언하는 말씀으로써 그를 이겼으니 그들은 죽기까지 자기들의 생명을 아끼지 아니하였도다"(요한계시록 12장 11절). 원수들이 사탄을 이기게 하는 진리를 빼앗지 못하도록 주의하라.

죄는 여전히 대가를 치루어야 한다. 인간에 대한 인간의 잔인한 행동은 우리가 용납할 수 있는 것보다 더 큰 대가를 요구한다. 그러나 도시의 거리에서 발생한 폭력이나 치열한 세계 전쟁터에서 희생한 사람들은 결코 인간의 죄에 대한 대가를 치를 수 없다.

오직 그리스도의 보혈만이 우리가 범한 죄의 대가를 치를 수 있다. 주님의 보혈의 능력은 놀라워라! 죄, 죽음, 무덤, 지옥의 모든 권세를 완전히 물리치셨다. 예수님의 보혈의 능력은 우리 모두가 천국에 들어갈 수 있도록 문을 열어주셨다. 그러면 이제 우리가 그의 피로 말미암아 의롭다 하심을 받았으니 더욱 그로 말미암아 진노하심에서 구원을 받을 것이니 (로마서 5장 9절)

본 장의 주제와 하나님이 나에게 계시하여 주신 핵심은, 우리 주인되시며 구원자이신 예수님이 사탄, 사람, 세계와 보혈의 경계에서 만나는 것이다. 만약 이스라엘 사람들이 하나님이 그들을 위하여 싸우시고, "전쟁이 여호와께 속하였다."는 것을 믿었다면 그들은 인간적인 방법으로 싸우지 않았을 것이다. "또 여호와의 구원하심이 칼과 창에 있지 아니함을 이 무리에게 알게 하리라 전쟁은 여호와께 속한 것인즉 그가 너희를 우리 손에 넘기시리라"(사무엘상 17장 47절).

이와 마찬가지로, 오늘날은 예수님이 우리를 대신하여 싸워주신다. 죄가 예수님을 전적으로 믿고 따르는 성도들을 더 이상 지배하지 못하도록 하기 위하여 그의 보혈을 흘리신 것이다.

세상에게 가장 잔인하게 약한 자를 괴롭히는 사탄이 하나님의 뜻에 도전하는 것을 포기하였을 때, 당신은 그리스도의 보혈이 모든 성도들에게 사탄을 물리칠 수 있는 무기를 주었다는 것을 알게 된다. 나는 어린 양의 보혈로 말미암아 놀라운 능력을 소유할 수 있는 것을 생각할 때 기쁨을 참을 수 없다.

> 내가 또 들으니 하늘에 큰 음성이 있어 이르되 이제 우리 하나님의 구원과 능력과 나라와 또 그의 그리스도의 권세가 나타났으니 우리 형제들을 참소하던 자 곧 우리 하나님 앞에서 밤낮 참소하던 자가 쫓겨났고 또 우리 형제들이 어린 양의 피와 자기들이 증언하는 말씀으로써 그를 이겼으니 그들은 죽기까지 자기들의 생명을 아끼지 아니하였도다 (요한계시록 12장 10-11절)

우리는 모두 항상 우리를 참소하려고 끊임없이 다가오는 원수의 집중적인 공격을 받고 있다. 원수들은 우리가 구원받기 전에 더 사악한 일을 행한다. 이것은 마치 우리가 예수님이 "세상 죄를 지고 가는 어린 양"이라는 사실을 깨달았을 때, 사탄의 공격이 격렬해지는 것과 같다. "이튿날 요한이 예수께서 자기에게 나아오심을 보고 이르되 보라 세상 죄를 지고 가는 하나님의 어린 양이로다"(요한복음 1장 29절).

요한은 요한계시록 12장에서 악한 영들을 "참소자"라고 명하고 있으며, 그가 밤낮없이 하나님 앞에서 그의 백성들을 참소하는 것을 묘사하고 있다. 우리는 악한 영들이 참소하는 방법을 완전하게 알지 못한다. 물론 그들이 욥에게 행한 것과 예수님이 그들이 거짓말쟁이와 거짓의 아비인 것을 밝힌 것을 통하여 부분적으로 알 수 있다. "너희는 너희 아비 마귀에게서 났으니 너희 아비의 욕심대로 너희도 행하고자 하느니라 그는 처음부터 살인한 자요 진리가 그 속에 없으므로 진리에 서지 못하고 거짓을 말할 때마다 제 것으로 말하나니 이는 그가 거짓말쟁이요 거짓의 아비가 되었음이라"(요한복음 8장 44절). 나는 선한 사람들이 이 땅 위에 살면서 거짓 참소를 당할 수 있다는 것을 알고 있다. 이것은 혼란과 공포를 가져다 준다.

우리에게 주어진 큰 진리는 어린 양의 보혈이 참소자들을 완전히 멸망시키고 없앤다는 것으로, 이것으로 인해 우리는 기뻐할 수 있다. 믿는 자들이 증거한 것과 같이 보혈은 우리 모두가 승리자가 될 수 있다는 것을 보장한다.

이것을 명심하라! 그리스도의 구원의 보혈로 인하여 참소자들이 쫓겨난다. 사탄의 권세는 무너졌다. 요한계시록 전체에서 살인자들이 한번에 모두 겁에 질려서 도망가는 때를 기록하고 있다.

이러한 믿음은 모든 하나님의 자녀들이 믿음으로 어린 양의 보혈을 의지하고, 그의 전능하신 능력을 담대하게 활용할 수 있는 용기를 갖게 한다. 예수의 이름 안에 능력이 있으며, 어린 양의 피 안에 권능이 있도다.

12. 보혈과 천국

또 충성된 증인으로 죽은 자들 가운데에서 먼저 나시고 땅의 임금들의 머리가 되신 예수 그리스도로 말미암아 은혜와 평강이 너희에게 있기를 원하노라 우리를 사랑하사 그의 피로 우리 죄에서 우리를 해방하시고, 그의 아버지 하나님을 위하여 우리를 나라와 제사장으로 삼으신 그에게 영광과 능력이 세세토록 있기를 원하노라 아멘 (요한계시록 1장 5-6절)

예수님의 초기 사역에 대한 기록은 그가 천국의 복음을 전파하러 이 땅에 왔다는 매우 중요한 선언을 포함하고 있다.

요한이 잡힌 후 예수께서 갈릴리에 오셔서 하나님의 복음을 전파하여 이르시되 때가 찼고 하나님의 나라가 가까이 왔으니 회개하고 복음을 믿으라 하시더라 (마가복음 1장 14-15절)

예수님의 속죄의 보혈은 오직 우리를 구원하실 목적만을 위한 것은 아니다. 물론 구원이 보혈이 가져다 준 가장 우선적이고 중요한 결과라고 볼 수는 있다. 그러나 하나님은 또한 그의 왕국을 건설하려는 마음을 갖고 계신다. 하늘에 계신 하나님의 계획 속에는 그리스도의 보혈을 통한 구원과 그의 왕국 사이를 연계시키는 것이 담겨져 있다. 이를 위하여 그분은 우리에게 중요한 역할을 주었다. 우리는 이러한 관계를 다음 성경말씀에서 볼 수 있다.

> 또 충성된 증인으로 죽은 자들 가운데에서 먼저 나시고 땅의 임금들의 머리가 되신 예수 그리스도로 말미암아 은혜와 평강이 너희에게 있기를 원하노라 우리를 사랑하사 그의 피로 우리 죄에서 우리를 해방하시고 그의 아버지 하나님을 위하여 우리를 나라와 제사장으로 삼으신 그에게 영광과 능력이 세세토록 있기를 원하노라 아멘 (요한계시록 1장 5-6절)

> 그들이 새 노래를 불러 이르되 두루마리를 가지시고 그 인봉을 떼기에 합당하시도다 일찍이 죽임을 당하사 각 족속과 방언과 백성과 나라 가운데에서 사람들을 피로 사서 하나님께 드리시고 그들로 우리 하나님 앞에서 나라와 제사장들을 삼으셨으니 그들이 땅에서 왕 노릇 하리로다 하더라 (요한계시록 5장 9-10절)

우리는 그리스도의 보혈을 통하여 하나님 앞에서 "왕과 제사장"이 되었다. 우리는 왕으로서 이 땅에서 하나님의 정의와 법도를 이루어나가야 한다. 우리는 제사장으로서 우리의 대제사장이시고 새 언약의 중보자인 예수 그리스도를 통하여 다른 사람을 하나님 앞으로 데려다가 화해시키는 사역을 수행해야 한다.

하나님 왕국의 사람들

하나님은 항상 사람들과 함께 하신다. 아브라함의 자손인 이스라엘 백성들은 모세의 인도하에 여러 가지 기적을 통하여 애굽의 노예에서 해방되었다. 그리스도가 이 땅에 오시기 1300년 전에, 모세의 후계자인 여호수아는 하나님이 그들에게 약속한 땅인 가나안을 정복하고 그곳에서 거주하였다.

"왕국 백성"의 시작은 피에 의해서 이루어졌다. 출애굽기 24장에는 모세가 하나님의 율법을 받았던 산에서 내려와서, 하나님과 언약 관계를 갖도록 하기 위하여 사람들은 불러 모으는 사건이 기록되어 있다.

모세가 와서 여호와의 모든 말씀과 그의 모든 율례를 백성에게 전하매 그들이 한 소리로 응답하여 이르되 여호와께서 말씀하신 모든 것을 우리가 준행하리이다 이스라엘 자손의 청년들을 보내어 여호와께 소로 번제와 화목제를 드리게 하고 모세가 그 피를 가지고 백성에게 뿌리며 이르되 이는 여호와께서 이 모든 말씀에 대하여 너희와 세우신 언약의 피니라(출애굽기 24장 3, 5, 8절)

'하나님 왕국'이라는 단어가 신약성경에만 유일하게 쓰

여 있지만, 언약 관계 속에서 그의 왕권 아래 살고 있는 하나님 백성의 개념은 구약시대부터 있었다. 백성들이 희생 제물을 드릴 때부터 하나님이 자신에게 순종하는 사람들과 함께 세우고자 하셨던 왕국은 시작되었다. 피를 흘리는 것은 하나님의 언약 속으로 들어가고 싶은 그들의 의지를 상징한다. 또한 피를 뿌리는 것은 자신들을 하나님의 언약의 백성으로 구분한 것이다.

초기의 "왕국"은 가나안을 정복한 후에 처음으로 정치적인 형태를 지니게 되었다. 후에 사울 왕을 이은 다윗, 솔로몬 왕에 의해서 더욱 발전하였다. 연합과 분열을 거듭해온 이스라엘과 유다는 하나님이 자신의 절대적인 왕권 아래에서 사는 백성들을 부르셨던 영적인 생각을 이 땅위에서 보여주었다.

선지자의 메시지

이스라엘의 선지자들은 하나님 왕국의 영적 본질에 대하여 일반 백성들보다 더 낫고 확실하게 이해하고 있었다. 그들은 하나님이 왕국의 백성들에게 원하는 삶의 모습은 의와 정의를 드러내는 것임을 알고 있었다. 거의 천 년 넘게 이러한 하나님의 사람들은 여호와에게 부족한 무리를 반복해서 변화시키고, 하나님이 원하시는 방법과 삶을 살도록 변화시키는데 있다.

나는 하나님의 부르심에 부응하지 못한 실패한 하나님의 백성에 대하여 증거하고 있는 몇 명의 선지자들을 인용하고자 한다. 예레미야는 백성들이 하나님의 기대에 얼마나 어긋난 삶을 살고 있는가를 깨닫고, 거룩한 삶을 살도록 지속적으로 촉구했던 선지자 중에서 대표적인 인물이다.

눈물의 선지자 예레미야는 부정한 행동을 깨닫게 하고 회개시켰으며, 하나님의 부르심에 합당한 삶을 살도록 이스라엘 백성에게 경고하였다. 다른 어떤 선지자보다도 더 명확하게, 새로운 날에 대하여 소망을 갖고 있었으며, 하나님과 사람들 사이에 존재하는 무너진 관계를 대신할 새 언약을 예언하였다. 그는 하나님이 왕으로 오셔서 세우실 새로운 왕국에 대한 실제적인 환상을 확실하게 보았다.

> 여호와의 말씀이니라 보라 때가 이르리니 내가 다윗에게 한 의로운 가지를 일으킬 것이라 그가 왕이 되어 지혜롭게 다스리며 세상에서 정의와 공의를 행할 것이며 그의 날에 유다는 구원을 받겠고 이스라엘은 평안히 살 것이며 그의 이름은 여호와 우리의 공의라 일컬음을 받으리라 (예레미야 23장 5-6절)

아모스, 호세와와 같은 유명한 선지자들도 동일한 메시지를 반복해서 선포하였다. 하나님은 자신이 바라고 기대하는 삶을 사는 사람을 백성으로 두기 간절히 원하신다.

선지자 스가랴는 메시아가 이 땅에 오셔서 최후의 왕국을 세우고, "바다에서 바다까지 통치"하실 것을 강하게 예언하였다. "시온의 딸아 크게 기뻐할지어다 예루살렘의 딸아 즐거이 부를지어다 보라 네 왕이 네게 임하시나니 그는 공의로우시며 구원을 베푸시며 겸손하여서 나귀를 타시나니 나귀의 작은 것 곧 나귀 새끼니라 내가 에브라임의 병거와 예루살렘의 말을 끊겠고 전쟁하는 활도 끊으리니 그가 이방 사람에게 화평을 전할 것이요 그의 통치는 바다에서 바다까지 이르고 유브라데 강에서 땅 끝까지 이르리라 또 너로 말할진대 네 언약의 피로 말미암아 내가 네 갇힌 자들을 물 없는 구덩이에서 놓았나니"(스가랴 9장 9-11절). 스가랴는 아직도 하나님의 뜻에 따라 살지 못하는 그의 백성들이지만, 그들은 피로 세운 언약의 대상임을 계속해서 백성들에게 상기시켰다. 그는 "또 너로 말할진대 네 언약의 피로 말미암아 내가 네 갇힌 자들을 물 없는 구덩이에서 놓았나니"(스가랴 9장 11절)라고 기록하고 있다.

선지자들은 백성들이 하나님의 뜻에 따라 살지 못할 때에 임한 하나님의 심판에 대하여 무섭게 경고하였을 뿐 아니라, 회개하고 하나님께 돌아왔을 때 임할 하나님의 축복의 약속을 백성과 공유하였다. 대부분의 경우 말씀이 끝까지 전달되는 경우는 드물다. 하지만 가끔 성경은 하나님의 말씀을 끝까지 붙잡은 남은 자들에 대하여 말씀하고 있다.

신약성경에 기록된 메시아의 메시지를 직접 듣고 받아 들인 믿음이 충만한 남은 자들은 오랫동안 고대하였던 하나님의 왕국인 새로운 이스라엘에 처음 들어가게 되었다.

왕국의 특징

하나님의 왕국은 지상의 왕국과 완전히 다르다. 사람들이 왕국의 시민이 되는 것, 생활을 통제하는 법, 궁극적인 목적 등 여러 면에서 구별된다.

피로 구성됨

사람이 하나님 왕국의 시민이 될 수 있는 유일한 방법은 그 곳에서 태어나야 하지만, 그것은 자연적인 출생이 아니다. 예수님은 "너는 거듭나야 한다."라고 가르쳐주셨다. "내가 네게 거듭나야 하겠다 하는 말을 놀랍게 여기지 말라"(요한복음 3장 7절). 예수님은 후에 그의 제자들에게 자신의 죽음이 사람들을 구원하고 왕국에 들어가는 데 중요한 의미를 가지며 결정적인 역할을 행할 것이라고 특별하게 말씀하셨다.

> 예수께서 이르시되 내가 진실로 진실로 너희에게 이르노니 인자의 살을 먹지 아니하고 인자의 피를 마시지 아니하면 너희 속에 생명이 없느니라 내 살을 먹고 내 피를 마시는 자는 영생을 가졌고 마지막 날에 내가 그를 다시 살리리니 내 살은 참된 양식이요 내 피는 참된 음료로다 내 살을 먹고 내 피를 마시는 자는 내 안에 거하고 나도 그의 안에 거하나니 (요한복음 6장 53-56절)

예수님의 말씀은 듣는 사람들을 당황하여 그것을 문자적으로 이해하려고 한다. 유월절 만찬의 제도적인 측면에서 예수님의 말씀을 보면 쉽게 이해할 수 있다. 예수님은 자신을 희생 제물과 동일한 관계에서 말씀하신 것이다.

예수님은 결코 일세기에 있었던 식인종 풍습의 하나를 옹호하지 않는다. 그는 십자가에서 희생 제물이 된 살과 피가 지닌 의미를 생각하면서, 신자들이 자연적인 출생이 아닌 중생, 피의 거듭남을 경험하도록 말씀하신 것이다. 영적인 새로운 출생은 그의 피의 희생으로만 가능하다.

기독교에서 세례는 믿는 자들이 하나님과 새로운 언약 관계 속으로 들어가는 것을 상징한다. 바울은 로마서 6장 4절에서 세례의 신학적인 의미를 논하였다.

> 그러므로 우리가 그의 죽으심과 합하여 세례를 받음으로 그와 함께 장사되었나니 이는 아버지의 영광으로 말미암아 그리스도를

죽은 자 가운데서 살리심과 같이 우리로 또한 새 생명 가운데서 행하게 하려 함이라 (로마서 6장 4절)

왕국 시민은 중생과 전적으로 새롭게 된 생명을 받음으로써 새로운 영역에 들어간 것이다.

사랑의 법

모든 나라는 백성들의 행동을 규제하는 법을 가지고 있다. 구약의 법은 하나님이 직접 시내산에서 모세에게 주신 모세의 율법이다. 신약의 법은 구약의 법과 완전히 다르다. 돌판에 새겨진 것이 아니라, "마음 판"에 쓰여진 것이다. "너희는 우리로 말미암아 나타난 그리스도의 편지니 이는 먹으로 쓴 것이 아니요 오직 살아 계신 하나님의 영으로 쓴 것이며 또 돌판에 쓴 것이 아니요 오직 육의 마음판에 쓴 것이라" (고린도후서 3장 3절).

예수님은 마태복음 5-7장에 기록된 산상수훈에서 왕국 법이 지닌 교리적 의미를 설명하였다. 예수님은 구약 율법의 정신은 하늘 아버지께 순종하고 기쁨을 드리고자 하는 마음으로 사는 삶 속에서 실현될 수 있다고 말씀하셨다.

내가 율법이나 선지자를 폐하러 온 줄로 생각하지 말라 폐하러 온 것이 아니요 완전하게 하려 함이라 진실로 너희에게 이르노니 천

> 지가 없어지기 전에는 율법의 일점 일획도 결코 없어지지 아니하고 다 이루리라 그러므로 누구든지 이 계명 중의 지극히 작은 것 하나라도 버리고 또 그같이 사람을 가르치는 자는 천국에서 지극히 작다 일컬음을 받을 것이요 누구든지 이를 행하며 가르치는 자는 천국에서 크다 일컬음을 받으리라 (마태복음 5장 17-19절)

그러나 예수님의 보혈은 사랑의 법에 순종하며 사는 "새로운 길"을 우리에게 주신 것이다. "길은 우리를 위하여 휘장 가운데로 열어 놓으신 새로운 살 길이요 휘장은 곧 그의 육체니라"(히브리서 10장 20절). 이것이 하나님 왕국에 사는 시민들이 삼아야 할 기준이다.

구별되는 삶

피 값으로 사신 왕국 시민들의 삶은 주변에 있는 사람들과 구별되는 삶으로 세상 사람들의 관심을 모으고 차별성을 인정받는 삶이다. 그들은 왕국에 오기 전에 살았던 것과는 전혀 다른 삶을 산다.

> 너희가 서로 거짓말을 하지 말라 옛 사람과 그 행위를 벗어 버리고 새 사람을 입었으니 이는 자기를 창조하신 이의 형상을 따라 지식에까지 새롭게 하심을 입은 자니라 (골로새서 3장 9-10절)

왕국 시민들은 하나님을 기쁘시게 하기 위하여 스스로 어떻게 해야 하는가를 선택해야 한다.

우리는 어떻게 매일 매일의 생활 속에서 이러한 삶의 모습을 가지고 살 수 있을까? 빌립보서 2장 5절 말씀을 보자. "너희 안에 이 마음을 품으라 곧 그리스도 예수의 마음이니" 우리가 사랑의 법으로 살 수 있는 유일한 길은 예수님의 생각을 닮아가는 것이다. 이것은 우리가 예수 그리스도 안에서 성령으로 충만할 때 가능하다. "너희 안에서 행하시는 이는 하나님이시니 자기의 기쁘신 뜻을 위하여 너희에게 소원을 두고 행하게 하시나니"(빌립보서 2장 13절).

이미 그러나 아직은

예수님이 이 땅에 오시기 전에 살았던 사람들의 장래에 대하여 논의를 제시하는 성경 교사들은, 이 때 사람들이 메시아의 오심과 새로운 왕국의 시작을 어떻게 받아 들였는가를 보여주기 위하여 무리한 사례를 사용한다. 교사들은 두 개의 원을 나란히 그린다. 왼쪽에 있는 원은 현재 세상을 나타내고, 오른쪽에 있는 원은 앞으로 다가올 세상을 나타낸다. 이 둘 사이에 대 변동이 일어나는 데, 이것이 바로 메시아의 임재이다. 옛날 사람들은 메시아의 임재가 세상을 완전히 새로운 질서로 변화시킨다는 관점을 가졌다. 구세계(현재의 세상)는 사라지고, 신세계(앞으로 올 세상)가 그것을 대체한다고 생각했다.

신약성경을 이러한 측면에서 이해한 사람들은 성경말씀을 올바르게 인식하기 위하여 설교를 들을 필요가 있다. 두 개의 원은 현재의 세상과 미래의 세상을 상징한다. 두 원이 나란히 있는 것이라기보다는, 서로 다른 원의 공간으로 들어가면서 겹치는 것이다. 이것은 공간 안에 하나님 왕국이 현재에 존재하고 있다는 것을 보여준다. 왕국 시민들은 현재의 세상의 한 부분이면서, 앞으로 오는 세상에 들어가는 것이다.

이것이 보혈에 의해서 만들어진 왕국의 특성이다. 한편으로 왕국은 현재에도 있지만 이미 완성된 것이다. 다른 편으로 미래의 왕국도 있지만, 아직 완전히 건설되지 않았다.

예수님이 십자가에 죽음으로써, 그의 희생의 피로서 죄의 대가를 지불하였다. 이 때 원수를 물리친 것이다. 왕국이 시작된 곳은 갈보리이다. 예수님이 스스로 선포한 승리의 왕국이다. "예수께서 이르시되 사탄이 하늘로부터 번개 같이 떨어지는 것을 내가 보았노라"(누가복음 10장 18절). 사탄의 권세는 무너지고, 그에 대한 최후의 심판은 이미 결정된 것이다.

사탄이 심판받은 것은 사실이지만, 우리는 사탄이 아직도 패배를 인정하지 않고 있다는 것을 알아야 한다. 예수님이 사탄의 권력을 모두 뺐었지만, 선과 악의 싸움은 왕국이 완전하게 건설될 때까지는 계속될 것이다.

이 세상 시간이 끝나고 영원이 시작될 때, 거룩하고 위대한 찬송이 보혈을 노래하며, 희생당한 어린 양을 찬양할 것이다. "큰 음성으로 이르되 죽임을 당하신 어린 양은 능력과 부와 지혜와 힘과 존귀와 영광과 찬송을 받으시기에 합당하도다 하더라 내가 또 들으니 하늘 위에와 땅 위에와 땅 아래와 바다 위에와 또 그 가운데 모든 피조물이 이르되 보좌에 앉으신 이와 어린 양에게 찬송과 존귀와 영광과 권능을 세세토록 돌릴지어다 하니 네 생물이 이르되 아멘 하고 장로들은 엎드려 경배하더라"(요한계시록 5장 12-14절). 나는 이러한 찬양이 보혈로 사신 하나님 왕국의 성취를 예고하는 것이라고 믿는다. 우리는 그때까지 하늘에 계신 아버지 앞에서 왕과 제사장으로 살아가야 하며, 사랑의 법 안에 살면서 전심으로 하나님의 명령을 성취해야 한다.

13. 영원한 보혈의 능력

여러분은 자기를 위하여 또는 온 양 떼를 위하여 삼가라 성령이 그들 가운데 여러분을 감독자로 삼고 하나님이 자기 피로 사신 교회를 보살피게 하셨느니라 (사도행전 20장 28절)

    예수님의 보혈은 과거, 현재, 미래의 모든 역사를 변화시키는 능력이며, 우리는 이 역사의 일부분이다. 갈보리는 역사의 중심에 있다. 예수님이 십자가에서 죽기 전에 살았던 사람들은 십자가를 고대하고 있었으며, 그 후에 사는 사람들은 십자가를 돌이켜 본다. 세계 역사의 지평선상에서 그리스도의 십자가는 영원한 의미를 지닌 메시지를 지니고 있다. 메시지의 핵심은 모든 인간은 구주 없이는 소망을 상실한 존재라는 것이다. 그렇기 때문에 그리스도가 이 땅에 오셔서 죽으심으로 우리를 대신하여 단번에 영원히 모든 죄 값을 담당하신 것이다. 또한 영생을 우리에게 주셨다.

    속죄의 보혈이 상징하고 있는 것은 명확하고 큰 소리로 선포되어야 한다. 큰 나팔소리는 모든 세대를 향하여 울려야 하며, 전 세계에 퍼져야 한다. 이것이 우리의 마음과 생활 속에 먼저 울려야 한다. 첫째, 우리는 어린 양의 희생을 통하여 받은 영생에 대하여 어떻게 반응해야 하는가? 둘째, 존귀한 은혜와 자비와 사랑을 선물로 받은 우리는 어떻게 살아야 하는가?

결코 약해지지 않는 보혈의 능력

우리는 앞의 12장에서 "이미 그러나 아직은"에 대하여 살펴보았다. 하나님 왕국에 있는 우리는 두 개의 원이 겹치는 공간에서 살고 있다. 우리는 왕국 안에 있으면서, 동시에 세상에 속해 있다. 교회 안에 있는 하나님 언약 백성들은 보혈을 통하여 얻은 구원과 죄사함의 메시지를 우리가 살고 있는 욕망의 세계에 전하도록 부름 받은 것이다. 오늘날에도 보혈의 능력은 결코 약해지지 않았다. 어떤 것도 예수님 보혈의 능력을 제한할 수 없다. 우리는 하나님의 백성, 교회로서 하나님과 언약의 관계 속에서 살아가는 것이다.

세상에 있는 하나님 언약 백성

교회는 하나님이 만드신 소중한 신적기관이다. 하나님께

속하여 있으면서 세상에서 그분의 일을 하는 보혈로 사신 사람들은 각자에게 맡겨진 특별한 사명을 갖고 있다.

하나님의 임재를 간절히 원함

교회는 인간의 능력으로 영적인 일을 절대로 성취할 수 없다. 교회의 유일한 소망은 하나님의 임재하심을 찾고 기쁨으로 받아들이는 데 있다. 교회의 사명을 이러한 측면에서 현실적으로 이해할 수 있도록 기록한 말씀이 있다.

> 너희는 사도들과 선지자들의 터 위에 세우심을 입은 자라 그리스도 예수께서 친히 모퉁잇돌이 되셨느니라 그의 안에서 건물마다 서로 연결하여 주 안에서 성전이 되어 가고 너희도 성령 안에서 하나님이 거하실 처소가 되기 위하여 그리스도 예수 안에서 함께 지어져 가느니라 (에베소서 2장 20-22절)

부름 받은 사람에게 있어서 최고의 사명은 하나님께 예배하는 것이다. 그는 찬양하고 하나님의 이름을 높일 수 있는 자격을 갖고 있다. 하나님의 이름은 능력과 선함의 증거로서 높여져야 한다. 구약시대에 살던 하나님의 사람들이 희생 제사를 드리기 위하여 모였듯이, 신약시대의 성도들은 예수님이 유일하고 완전한 희생 제물이 되신 것을 믿으면서 우리를 구원하기 위하여 그의 피를 흘리신 예수님의 이름을 찬양하기 위하여 모여야 한다.

하나님이 맡겨주신 역할을 잘 수행하는 교회는 하나님이 자기 백성들 가운데 역사하는 소중한 곳이 된다.

그리스도의 복음을 선포함

하나님의 언약 백성들이 모인 교회는 하나님을 기쁘게 하고, 그리스도가 교회에게 맡겨주신 복음을 충성스럽게 전할 때 세상에서 효과적으로 사명을 잘 감당하는 것이다. 복음 전파는 언어로 예수님이 이 땅에 계실 때 보여주셨던 본을 다각적으로 전달해 주고, 행동으로 보여주는 것이다.

예수님이 무화과 나무를 저주하셨는데, 그 이유는 그가 기대했던 열매를 맺지 못했기 때문이다. "길 가에서 한 무화과나무를 보시고 그리로 가사 잎사귀밖에 아무 것도 찾지 못하시고 나무에게 이르시되 이제부터 영원토록 네가 열매를 맺지 못하리라 하시니 무화과나무가 곧 마른지라"(마태복음 21장 19절). 교회가 복음을 확장시키지 못하면, 열매 없는 나무와 같이 되어 땅에 버려지거나, "이가봇"(영광이 떠남)을 가진 버려진 집이 된다. "이르기를 영광이 이스라엘에서 떠났다 하고 아이 이름을 이가봇이라 하였으니 하나님의 궤가 빼앗겼고 그의 시아버지와 남편이 죽었기 때문이며"(사무엘상 4장 21절). 그리스도는 모든 사람을 구원하기 위하여 피를 흘렸지만, 교회가 이 진리를 전하지 못할 때 열매를 맺지 못하는 것이다.

교회가 하나님이 주신 가장 큰 사명을 감당하지 않고 다른 어떤 것들을 한다면, 하나님의 마음이 찢어질 것이다. 우리는 하나님의 구원받은 백성이기 때문에, 예수님의 위대한 희생의 진리를 밝히 알리고 선포할 책임을 갖고 있다. 우리는 인간의 죄를 깨끗하게 씻겨 주시기 위하여 피를 흘리신 완전한 희생 제물을 선포해야 한다.

하나님께 영광을 올림

하나님의 사람으로서 중요한 의무 중 하나는 그분을 영화롭게 하는 것이다. 우리는 하나님의 계시를 말하고, 위대한 능력의 행하심을 상고하고, 끊임없이 그의 이름을 찬양하면서 이 의무를 감당해야 한다. 에베소서에 우리가 그분에게 영광을 드리는 것에 대하여 안내하는 내용이 기록되어 있다.

> 우리 가운데서 역사하시는 능력대로 우리가 구하거나 생각하는 모든 것에 더 넘치도록 능히 하실 이에게, 교회 안에서와 그리스도 예수 안에서 영광이 대대로 영원무궁하기를 원하노라 아멘
>
> (에베소서 3장 20-21절)

하나님의 지혜를 깨달음

사람들은 항상 자신의 구원을 위하여 행한 것들을 계산하

려고 애쓴다. 그러나 성경은 사람의 행위에 대한 하나님의 판단을 간단하게 말씀하고 있다.

> 하나님의 지혜에 있어서는 이 세상이 자기 지혜로 하나님을 알지 못하므로 하나님께서 전도의 미련한 것으로 믿는 자들을 구원하시기를 기뻐하셨도다 (고린도전서 1장 21절)

세상 사람들은 복음의 메시지를 바라보고서는 그것을 어리석은 것이라고 결정짓는다. 그들은 어린 양의 보혈로 구원을 받는다는 믿음을 미친 짓이라고 생각한다. 그러나 교회는 스스로 십자가를 통하여 나타난 하나님의 놀라운 지혜를 밝히 드러내는 곳이 되어야 한다. "이는 이제 교회로 말미암아 하늘에 있는 통치자들과 권세들에게 하나님의 각종 지혜를 알게 하려 하심이니" (에베소서 3장 10절). 바울은 복음을 설교할 때, 지혜가 드러난다고 말한다. "내가 복음을 부끄러워하지 아니하노니 이 복음은 모든 믿는 자에게 구원을 주시는 하나님의 능력이 됨이라 먼저는 유대인에게요 그리고 헬라인에게로다" (로마서 1장 16절).

보혈로 말미암은 복음의 좋은 소식은 전 세계 사람들에게 구원을 가져다 주며, 구원의 복음을 들은 모든 사람들에게 적용되어 회개와 사랑으로 삶을 살아가도록 변화시킨다. 교회가 지닌 사랑의 직무는 세계에 죄인을 의롭게하는 복음을 전달하는 것이다. "그의 십자가의 피로 화평을 이루사 만물 곧 땅에 있는 것들이나 하늘에 있는 것들이 그로 말미암아 자기와 화목하게 되기를 기뻐하심이라"(골로새서 1장 20절). 우리는 좋은 소식을 전파하고 모든 사람들이 복음을 받아들이도록 권면하는 일을 부름 받고 사명을 위임받은 사람들이다.

복음화의 사명은 일반적으로 말씀을 설교하고 개인적으로 증거하고, 선교사를 파송하고 미디어를 활용함으로써 이루어진다. 바울처럼, 우리는 모든 사람에게 말씀을 전할 수 있는 사람의 모습을 갖고, 어떻게 해서든지 사람들이 구원을 얻도록 해야 한다. "약한 자들에게 내가 약한 자와 같이 된 것은 약한 자들을 얻고자 함이요 내가 여러 사람에게 여러 모습이 된 것은 아무쪼록 몇 사람이라도 구원하고자 함이니"(고린도전서 9장 22절).

구성원의 능력을 계발함

능력을 계발한다는 의미는 세워서 성장시킨다는 뜻이다. 전 세계로 복음을 확장시키기 위해서 교회는 구성원들의 역량을 성장시키는 것을 소홀히 해서는 안된다. 교회의 구성원들이 간과되거나 무관심한 상태에 놓여서는 안된다. 그들은 사랑의 교제를 통하여 하나가 되어야 하며, 성장과 그리스도인으로서 성숙할 수 있도록 말씀으로 세심하게 양육되어져야 한다. "그가 빛 가운데 계신 것 같이 우리도 빛 가운데 행하면 우리가 서로 사귐이 있고 그 아들 예수의 피가 우리를 모든 죄에서 깨끗하게 하실 것이요"(요한일서 1장 7절).

내가 구원, 성결, 예언을 하기 위하여 보혈의 능력에 더 깊이 빠졌을 때, 마음에 새로운 확신이 생겼다. 보혈의 능력을 전파하려는 교회는 중요한 일을 감당할 하나님의 백성을 훈련시키고, 준비시키고, 가르치는 것에 소망을 두어야 한다는 것을 알게 되었다.

교회가 복음의 메시지를 함께 전하도록 남녀 성도들을 이끌어 갈 때, 구성원들의 영적 권능과 은혜가 동시에 성장하게 된다. 그들은 그리스도의 장성한 분량까지 믿음이 성장하게 된다.

> 그가 어떤 사람은 사도로 어떤 사람은 선지자로 어떤 사람은 복음 전하는 자로 어떤 사람은 목사와 교사로 삼으셨으니 이는 성도를 온전하게 하여 봉사의 일을 하게 하며 그리스도의 몸을 세우려 하심이라 우리가 다 하나님의 아들을 믿는 것과 아는 일에 하나가 되어 온전한 사람을 이루어 그리스도의 장성한 분량이 충만한 데까지 이르리니 (에베소서 4장 11-13절)

구성원을 권징함

요한계시록의 말씀 중에 하나님께 불순종하여 하나님이

"그의 입에서 토하여 버리는" 교회 성도들의 모습을 묘사한 내용이 있다. "네가 이같이 미지근하여 뜨겁지도 아니하고 차지도 아니하니 내 입에서 너를 토하여 버리리라"(요한계시록 3장 16절). 하나님은 그의 보혈로 구원받은 아들과 딸들에 대하여 큰 기대를 가지고 계신다. 그의 기대 중 하나는 범죄한 구성원을 바로 잡아주고 권징하는 것이다. 예수님은 교회가 어떻게 권고하고 권징해야 하는가를 가르쳐 주셨다.

> 네 형제가 죄를 범하거든 가서 너와 그 사람과만 상대하여 권고하라 만일 들으면 네가 네 형제를 얻은 것이요 만일 듣지 않거든 한 두 사람을 데리고 가서 두세 증인의 입으로 말마다 확증하게 하라 만일 그들의 말도 듣지 않거든 교회에 말하고 교회의 말도 듣지 않거든 이방인과 세리와 같이 여기라 (마태복음 18장 15-17절)

연약한 자를 보살핌

예수님은 사람들의 눈을 뜨게 하고, 자유롭게 움직일 수 있도록 하는 사역에 관하여 이사야서에 기록된 말을 인용하면서 자신의 사역의 핵심을 말씀하셨다. 예수님은 이사야의 말을 인용하면서 자신의 공생애를 시작하셨다.

> 주의 성령이 내게 임하셨으니 이는 가난한 자에게 복음을 전하게 하시려고 내게 기름을 부으시고 나를 보내사 포로 된 자에게 자유

> 를 눈 먼 자에게 다시 보게 함을 전파하며 눌린 자를 자유롭게 하
> 고 주의 은혜의 해를 전파하게 하려 하심이라 하였더라
> (누가복음 4장 18-19절)

예수님은 굶주린 자에게 먹을 것을 주고, 병든 자를 고쳐 주고, 슬퍼하는 자를 위로하고, 가난한 자에게 기쁨을 주는 것을 자신의 사역으로 선포했다.

> 만일 형제나 자매가 헐벗고 일용할 양식이 없는데 너희 중에 누구
> 든지 그에게 이르되 평안히 가라 덥게 하라 배부르게 하라 하며 그
> 몸에 쓸 것을 주지 아니하면 무슨 유익이 있으리요 이와 같이 행함
> 이 없는 믿음은 그 자체가 죽은 것이라 (야고보서 2장 15-17절)

신약성경 전체를 통하여 하나님이 기대하고 있는 것은 하나님의 백성들이 가난으로 인하여 어려운 삶을 살아가고 있는 사람들을 돌보는 데 관심을 가져야 한다는 것이다. 하나님의 백성은 돌봄의 사람들이다. 우리의 돌봄은 예수 그리스도의 정신을 반영하는 것이다.

> 하물며 영원하신 성령으로 말미암아 흠 없는 자기를 하나님께 드린
> 그리스도의 피가 어찌 너희 양심을 죽은 행실에서 깨끗하게 하고
> 살아 계신 하나님을 섬기게 하지 못하겠느냐 (히브리서 9장 14절)

거룩한 사람으로 살아감

> 그러므로 예수도 자기 피로써 백성을 거룩하게 하려고 성문 밖에서 고난을 받으셨느니라 그런즉 우리도 그의 치욕을 짊어지고 영문 밖으로 그에게 나아가자 우리가 여기에는 영구한 도성이 없으므로 장차 올 것을 찾나니 그러므로 우리는 예수로 말미암아 항상 찬송의 제사를 하나님께 드리자 이는 그 이름을 증언하는 입술의 열매니라 오직 선을 행함과 서로 나누어 주기를 잊지 말라 하나님은 이같은 제사를 기뻐하시느니라 (히브리서 13장 12-16절)

우리는 그리스도의 보혈로 하나님을 위하여 구별되고, 대가를 주고 산 존재가 되었다. 하나님은 그의 법을 우리 생각에 두시고 마음에 기록하셨다. "또 주께서 이르시되 그 날 후에 내가 이스라엘 집과 맺을 언약은 이것이니 내 법을 그들의 생각에 두고 그들의 마음에 이것을 기록하리라 나는 그들에게 하나님이 되고 그들은 내게 백성이 되리라"(히브리서 8장 10절). 따라서 우리는 하나님께 속한 자가 되어 그의 속성을 가진 자로서 살아야 한다.

우리가 하나님께 속하였다는 것을 생각하게 하는 중요한 방법은 바로 주의 성만찬을 기념하는 것이다. 성만찬은 우리를 대신하여 흘린 그리스도의 피와 그의 희생 제물로 인하여 우리가 받은 새 생명을 기념하는 것이다.

우리는 믿음의 형제들과 함께 떡을 떼고 포도주를 마실 때마다 항상 보혈의 능력을 기억해야 한다. 보혈의 능력은 우리가 이 희생 제물이 얼마나 중요한가에 대하여 진심으로 이해할 때 믿는 자들을 가족처럼 가깝게 만든다.

예수님은 성만찬 제도에 대하여 그의 제자들에게 자세하게 설명하셨다. "그러나 너희에게 이르노니 내가 포도나무에서 난 것을 이제부터 내 아버지의 나라에서 새것으로 너희와 함께 마시는 날까지 마시지 아니하리라 하시니라"(마태복음 26장 29절). 교회는 가끔 성만찬에 대한 예수님 말씀의 진정한 의미를 파악하지 못하고 있다. 우리는 "내 아버지의 나라에서 새것으로 너희와 함께 마시는 날"을 수억 년 떨어진 미래의 일로 생각하는 경향이 있다.

사실, 왕국은 십자가에서 제자들을 위하여 이미 실현된 것이다. 그들이 성만찬에 참석한 다음에, 바로 "아버지의 나라에서 새것으로 마시는" 것을 소유하게 되었다. 이 진리가 주는 기쁜 메시지는, 우리가 주의 만찬에 참석할 때, 그분이 우리와 함께 하시겠다는 약속이 이루어졌다는 믿음을 갖게 한다.

나는 당신이 성만찬을 "우리가 항상 해야 되는 것이기 때문에" 반복하는 헛되고 형식적 종교 의식으로 받아들이지 말고, 실제적으로 하나님 앞으로 나아가는 순간으로 인식하기 바란다. 하나님이 당신과 함께 테이블에 앉아계신 것을 체험하는 것이다. 그분은 그의 처음 제자들에게 하신 것처럼, 오늘날 우리에게 말씀하신다. "이르시되 내가 고난을 받기 전에 너희와 함께 이 유월절 먹기를 원하고 원하였노라" (누가복음 22장 15절).

성만찬이 가지고 있는 의미를 올바르게 이해할 때, 보혈의 능력은 당신에게 현실적으로 다가올 것이다. 당신은 주님과 함께 식사한 것을 다른 사람에게 자신 있게 이야기 할 수 있다. 당신은 함께 식사할 때 주님의 말씀을 들을 것이다. "너와 함께 하는 것이 나에게 큰 기쁨이 되었다. 너에게 필요한 것이 무엇이냐? 내가 무엇으로 너를 도와줄까? 나는 너를 축복 하리라."

당신이 이와 같이 주님과 친숙한 관계로 성만찬에 참여할 때, 그분이 이 시간 당신과 함께 하기를 간절히 원하고 있는 것을 알게 된다. 이것은 오래전에 행했던 종교 의식으로 역사적 상징성을 갖는 것이 아니라, 지금 이 시간에 하나님과 함께 하고 있다는 것을 보여주며 피의 능력, 즉 그의 권능을 경험하는 것이다.

따라서, 성만찬에 참여하기 위하여 갈 때, 하나님이 당신의 죄를 씻어주신 것, 구원하여 주신 것, 치료하여 주신 것, 이 땅 위에서 기쁨을 주신 것들을 기억하라. 당신에게 기쁨을 주는 모든 축복은 어린 양의 피로 말미암을 것이다.

교회의 미래

교회를 향한 그리스도의 놀라운 사랑과 교회를 위하여 예비해 놓은 영광스러운 미래를 생각하며 나는 마음 속에서 솟아나는 충만한 기쁨과 즐거움을 억제할 수 없다. 기억하라, 이것은 "자기 피로 사신 교회"이다. "여러분은 자기를 위하여 또는 온 양 떼를 위하여 삼가라 성령이 그들 가운데 여러분을 감독자로 삼고 하나님이 자기 피로 사신 교회를 보살피게 하셨느니라"(사도행전 20장 28절). 교회는 "그리스도께서… 사랑하시고 자신을 주신" 곳이다. "남편들아 아내 사랑하기를 그리스도께서 교회를 사랑하시고 그 교회를 위하여 자신을 주심 같이 하라"(에베소서 5장 25절).

말라기 선지자는 교회에 속한 자들에 관한 하늘에 계신 우리 아버지의 말씀을 기록하고 있다.

> 만군의 여호와가 이르노라 나는 내가 정한 날에 그들을 나의 특별한 소유로 삼을 것이요 또 사람이 자기를 섬기는 아들을 아낌 같이 내가 그들을 아끼리니 (말라기 3장 17절)

교회에 속한 아들과 딸들은 현재와 미래의 소망을 갖고 있으며, 어떤 누구도 디도서에 기록된 말씀보다 우리의 소망을 더 낫게 표현하지 못할 것이다.

> 모든 사람에게 구원을 주시는 하나님의 은혜가 나타나 우리를 양육하시되 경건하지 않은 것과 이 세상 정욕을 다 버리고 신중함과 의로움과 경건함으로 이 세상에 살고 복스러운 소망과 우리의 크신 하나님 구주 예수 그리스도의 영광이 나타나심을 기다리게 하셨으니 (디도서 2장 11-13절)

우리는 이 세상에서 하나님 아버지를 기쁘게 하는 가장 높은 수준의 거룩한 삶을 기쁨으로 누릴 뿐 아니라, 장래에 받을 축복의 소망의 갖고 있다. 우리는 미래에 대하여 모든 것을 자세히 알 수 없다. 왜냐하면, 우리가 받을 많은 영광은 우리의 제한된 이해로 인하여 감추어져 있기 때문이다. 그러나 몇 가지 진리는 놀라울 만큼 우리의 소망을 확실하게 하고 우리에게 큰 기쁨을 준다. 요한은 이것을 다음과 같이 설명하고 있다.

> 사랑하는 자들아 우리가 지금은 하나님의 자녀라 장래에 어떻게 될지는 아직 나타나지 아니하였으나 그가 나타나시면 우리가 그와 같을 줄을 아는 것은 그의 참모습 그대로 볼 것이기 때문이니 (요한일서 3장 2절)

교회의 모든 아들과 딸들은 우리가 하나님을 "얼굴과 얼굴" 보듯 볼 수 있는 기쁜 날이 있다는 것을 깨달아야 한다.

"우리가 지금은 거울로 보는 것 같이 희미하나 그 때에는 얼굴과 얼굴을 대하여 볼 것이요 지금은 내가 부분적으로 아나 그 때에는 주께서 나를 아신 것 같이 내가 온전히 알리라"(고린도전서 13장 12절). 이러한 말씀이 요한계시록에도 기록되어 있으며, 승리의 날이 임할 것을 계시하는 말씀들도 있다.

> 이 일 후에 내가 보니 각 나라와 족속과 백성과 방언에서 아무도 능히 셀 수 없는 큰 무리가 나와 흰 옷을 입고 손에 종려 가지를 들고 보좌 앞과 어린 양 앞에 서서 큰 소리로 외쳐 이르되 구원하심이 보좌에 앉으신 우리 하나님과 어린 양에게 있도다 하니
>
> (요한계시록 7장 9-10절)

　마지막으로, 하나님의 어린 양은 우리가 육안으로 확실하게 볼 수 있게 다시 오신다. 우리를 구원하시기 위하여 피를 흘린 존귀하신 그분은 그에게 드려지는 영광을 기뻐할 것이다. 그의 백성들은 그분 앞으로 나아가 승리와 감사의 찬양을 드릴 것이다. 온 하늘에 찬양 소리와 할렐루야의 함성이 가득할 것이다.

　사랑과 존귀를 모두 가지고 있는 어린 양(이 땅에 오셔서 죽으신 분, 무자비한 폭도들에게 수치를 당하신 분, 그의 보혈의 희생이 무식한 사람들에 외면당하신 분)은 감사의 마음

으로 가득한 언약 백성들에 의해서 마침내 찬양과 경배를 받으실 것이다. 그의 백성들은 그분 안에서 기쁨을 누리며, 다시 그분과 분리되지 않을 영원한 곳을 소망하면서 살아갈 수 있다.

| 저자 소개 |

　메어리 캐더린 백스터(Mary Kathryn Baxter)는 테네시 주에서 태어났으며, 어린 시절부터 어머니로부터 예수 그리스도와 구원에 대하여 가르침을 받았다. 그녀는 19살 때 중생을 체험했다.

　1976년, 미시간주 베리빌에 살고 있을 때, 그녀에게 예수님이 꿈과 환상과 계시 중에 인간의 모습으로 나타나셨다. 예수님은 그녀에게 지옥에 있는 상실된 영혼들의 고통을 보여주었으며, 이 메시지는 전 세계를 위한 것이라고 말씀하셨다. 이때부터 그녀는 주님으로부터 여러번 부름 받았다. 그녀는 하나님의 지혜 안에서, 천국, 천사, 종말에 관한 많은 환상과 꿈과 계시를 받았다.

　메어리가 지옥의 환상을 보았을 때, 그녀는 예수님과 함께 걸으면서 많은 사람들과 이야기했다. 예수님은 그녀에게 회개하지 않은 영혼들이 죽었을 때 겪는 고통을 보여주셨다. 또한 하나님의 종들이 그의 부르심에 순종하지 않고 죄악된 생활로 돌아가고, 회개하지 않을 때 일어날 결과에 대하여 보여주셨다.

　메어리는 1983년 미시간주 테일러에 있는 순복음교회의 목회자로 부임하였으며, 목회자, 지도자, 세계 곳곳에 있는 성도들은 그녀와 그녀의 사역을 높이 평가하고 있다. 성령의 역사가 그녀의 모든 예배에서 강조되었으며, 참석한 사람들에게 많은 기적이 일어났다. 하나님의 영이 그녀를 인도하고 능력으로 함께 했던 집회에서 강력한 성령의 은사가 나타났다.

그녀는 마음과 뜻과 영 그리고 능력과 소망을 가지고 주님을 사랑하였다. 그녀는 주님의 헌신적인 종으로 무엇보다도 예수 그리스도를 위하여 영적 승리자가 되기를 갈망하고 있다. 플로리다에 기반을 두고 있는 'Divine Revelation, Inc.'의 책임자로서 세계를 다니면서 복음을 전파하고, 주님으로부터 받은 하늘과 지옥과 계시를 전달한다.

보혈의 능력

정신, 영혼, 육체를 치유하는 예수 그리스도의 보혈

인쇄일	2013년 02월 18일
발행일	2013년 02월 28일
3쇄	2024년 09월 06일
지은이	메어리 K. 백스터
옮긴이	김유진
펴낸이	장사경
편집디자인	최복희
펴낸곳	Grace Publisher(은혜출판사)

주소 서울 종로구 숭인 2동 178-94
전화 (02) 744-4029 팩스 744-6578
출판등록 제 1-618호.(1988. 1. 7)

ⓒ 2013 Grace Publisher, Printed in Korea
ISBN 978-89-7917-923-1   03230

이 출판물은 저작권법에 의해 보호를 받는 저작물이므로 무단 전재와 무단 복제를 할 수 없습니다.